JN260773

15 マネジメント基本全集
The Basics of Management

ベンチャービジネス Venture Business
ベンチャリング

ベンチャービジネスとマネジメント

今村 哲 編著

学文社

執筆者紹介（執筆順，現職・執筆担当・主要著書）

森下　正（もりした　ただし）　明治大学政治経済学部教授　　第1・2章担当
『中小企業論新講』（共著）白桃書房，2000年
『ネットワーク社会の経営学』（共著）白桃書房，2002年
『新事業創造論』（共著）東洋経済新報社，2003年
『空洞化する都市型製造業集積の未来』同友館，2008年

久米　信廣（くめ　のぶひろ）　第三企画株式会社代表取締役
NPO法人RBAインターナショナル代表　　第3・4・5章担当
『1回しかない人生 I～X』第三企画出版，1995年～1997年
『だから人生っておもしろい』第三企画出版，1995年
『日本の中小企業』（共著）第三企画出版，2005年

今村　哲（いまむら　あきら）　拓殖大学商学部教授　　第6・7・8章担当及び編者
『新中小企業新講』（共著）白桃書房，2000年
『ネットワーク社会の経営学』（共著）白桃書房，2002年
『新事業創造論』（共著）東洋経済新報社，2003年
『スタート・ユア・ビジネス！』（共訳）学文社，2007年

田中　延弘（たなか　のぶひろ）　事業創造大学院大学教授　　第9・10・11章担当
『スタート・ユア・ビジネス！』（共訳）学文社，近刊
『遥かな町のやさしい人々』新風舎，2003年
『スタート・ユア・ビジネス！』（共訳）学文社，2007年

藤田　泰一（ふじた　たいいち）　高千穂大学経営学部教授　　第12・13章担当
『中小企業の再生ビジネス戦略』（共著）税務経理協会，2001年
『ベンチャービジネスの創り方・運び方』（共著）税務経理協会，2001年

はしがき

　企業を取り巻く環境は，規制緩和のさらなる進展，情報社会への転換，少子高齢化社会の到来，経済のグローバル化，企業間連携の多様化，地球環境問題の高まりなど，変化を挙げればきりがない．このような経済・社会的環境変化の中で，既存の大企業や中小企業よりも機動力，柔軟性，意思疎通の容易性，全社体制で目標に向かう集中性を，より高度に発揮する活力あるベンチャー企業に関心が高まっている．

　いま，クローズアップされている産業の構造改革を進める中でこそ，企業活動の活力やダイナミズムを取り戻すことができる新たなビジネスチャンスが存在することは確かであろう．企業家精神を発揮して，新たなビジネスチャンスを敏感に察知して，新たな製品・サービスの開発や生産工程・流通過程の革新といったイノベーションを積極的に推進するベンチャービジネスが，数多く出現することが求められている．

　ところで，創業希望者の中には，非常に優れた技術やアイデアをもっているが，資金不足でそれを生かせないでいるケースもみられる．国が起業家の支援に向けた制度インフラ整備を進めているのに併行して，都道府県などの地方公共団体においても独自の制度インフラを構築しており，ベンチャービジネスを生み出す環境は，大きな広がりをみせている．

　また，近年，大学，大学院，ビジネススクールなどで，起業家や経営者およびリーダーを養成する講座やベンチャービジネスに関わる講座の開設が目立つようになってきた．そこで教育を受けた人びとが社会や企業でリーダーとして，実践的な活動を行うことが期待されている．

　本書は，ベンチャービジネスを専門的に勉強しようとする大学生や大学院生，あるいは起業家を目指す人に対して，実践的なベンチャービジネスの基本テキストとして書かれている．もちろん若手ビジネスマンや経営者あるいは研究者

はしがき

の方々にも，その基本的な知識を再確認し，チャレンジのためのヒントになればと願っている．

本書のコンセプトは，「基本を深く考察する」「現実に即して考察する」「新しい視点も包含する」の三本柱であり，理論紹介や理論を現実に適応するのではなく，現実の分析から理論を導く記述に留意している．そのために，執筆者達は，実践の現場や研究の成果から学んだものをエキスとしてとらえ，まとめる作業から書き上げたもので，十分とは言い難いが，起業とベンチャービジネスの全体像が，容易に理解できるように工夫を凝らしたと自負している．

本書は，第Ⅰ部・現代社会とベンチャービジネス，第Ⅱ部・起業家とベンチャー企業経営者，第Ⅲ部・ベンチャービジネスのマネジメント，第Ⅳ部・ベンチャービジネスとインフラ，第Ⅴ部・ベンチャービジネスの育成と支援の5部から成り立っている．

第Ⅰ部では，産業の再活性化と産業構造転換を進める中心的な役割を果たす企業体として，ベンチャービジネスの果たす役割と期待について明らかにしている．第1章では，ベンチャービジネスを特徴づけるもっとも一般的な概念とその経営課題について述べている．さらにサービス経済化とベンチャービジネスの関わりや中小企業における経営革新の実現を促す条件を示している．第2章では，地域経済発展の期待を担うベンチャービジネスの役割は大きく，地域の基盤的な産業として存在価値を高めることが求められる理由を明らかにしている．その中で，各地域がもつ固有の産業風土が，企業立地に大きな影響を及ぼすことを述べている．また，ITベンチャービジネスにおける経営特質と，その持続的発展の難しさを明らかにしている．

第Ⅱ部では，ベンチャー企業の概略を述べて，創業者を輩出する経営風土と経営者の実像について考察している．第3章では，ベンチャー企業に対する創業の動機を明らかにし，起業家とアントレプレナーシップの特質について述べている．第4章では，ベンチャービジネスの日本とアメリカにおける経営風土

の違いに焦点をあてた．さらに日本の起業家を輩出する環境をいくつか挙げ，その要因を明らかにしている．第5章では，起業家の成功に必要な資質を検討するために，ベンチャー企業とその経営者に対する実態調査の調査結果から起業家の実像を探っている．

　第Ⅲ部では，ベンチャービジネスのマネジメントの特性と経営戦略の必要性，それに伴うマーケティング戦略について明らかにしている．第6章では，ベンチャー企業における企業成長のモデルについて考察している．さらに産業構造の進化とそれに対応するマネジメントの特性について述べている．また，厳しい市場環境やそれに伴う経営環境に対応する経営革新について3つの概念を比較・検討してみた．第7章では，ベンチャービジネスにおける経営理念と経営戦略の関連性について述べている．さらに，企業の意思決定については，戦略的決定の視点を明らかにし，ベンチャービジネスの企業姿勢と価値観について検討を加えた．第8章では，ベンチャービジネスを成功させるために事業機会のマーケティング戦略に焦点をあてた．とくに市場細分化と製品差別化の戦略，プロダクト・ポートフォリオ・マネジメントの戦略について考察している．さらにITを活用したデータベース化によるマーケティング戦略について述べている．

　第Ⅳ部では，ベンチャービジネス向け制度インフラと支援法制，ベンチャーキャピタルの課題，起業支援政策の基本姿勢に焦点をあてた．第9章では，ベンチャービジネスの制度インフラが，これまでいかに整えられて，現状でどのレベルにいるかを考察している．とくに「かながわサイエンスパーク」や「川崎新産業創造センター」の事例を検討した．第10章では，ベンチャーキャピタルの起業資金の調達について明らかにし，ベンチャーキャピタル事業の構造的な特徴を述べている．さらに日本におけるベンチャーキャピタルの発展と課題について整理をした．第11章では，ベンチャービジネスの日本とアメリカの比較に焦点をあて，差異分析を行った．さらに起業活動の格差要因について考察している．また，日本のベンチャービジネスの課題と方向について明らか

にしている.

第V部では,ビジネスプラン作成の重要性やベンチャー企業の支援と育成の課題について述べている.第12章では,これから事業を起こす人のために,ビジネスプランの内容と作成面での留意点を明らかにしている.さらに起業家育成の必要性とそのポイントについて述べている.第13章では,ベンチャー企業支援について現状を考察している.さらにベンチャー企業を育成するための課題として,起業前の段階と起業時もしくは起業後早々の段階に焦点をあて,その条件を明らかにしている.

なお,本書をご利用される皆様には,より内容を深く理解し,さらなる研究の進化を願うために,各章の末には,「演習問題」と「推薦図書」を掲げており,有効的な活用をしていただくことを希望している.

本書は,根本孝・明治大学経営学部教授ならびに茂垣広志・横浜国立大学経営学部教授による「マネジメント基本全集(15巻)」の企画である.その中の『ベンチャービジネス』編に参画させていただき,執筆したものである.企画・監修者の根本教授ならびに茂垣教授には,格別のご指導やご支援,さらにモノの見方,とらえ方などのご教示を数多く賜り,心から厚く御礼申し上げる.もしそうしたご指導やご支援がなければ,本書は世に出版されなかったであろう.また,何かとあらゆる機会をとらえて,多くの示唆を与えてくださった百瀬恵夫・明治大学名誉教授に対して深く感謝の意を表し厚く御礼申し上げる.

最後に,本書の刊行にあたっては,きめ細かな編集校正を進めていただいた学文社の田中千津子社長をはじめスタッフの皆様に心から感謝を申し上げる.

2006年1月

編著者　今村　哲

目次

第Ⅰ部　現代社会とベンチャービジネス

第1章　ベンチャービジネスと中小企業の経営革新　　3
1. ベンチャービジネスの経営特質　3
2. 新事業創造者としてのベンチャービジネス　8
3. サービス経済化とベンチャービジネス　9
4. 求められる中小企業の経営革新　13

第2章　地域経済発展に果たすベンチャービジネスとIT企業　　19
1. 地域経済発展とベンチャービジネス　19
2. ベンチャービジネスとしてのIT企業　22
3. ITベンチャービジネスの限界　27

第Ⅱ部　起業家とベンチャー企業経営者

第3章　創業者と起業家　　35
1. ベンチャー企業と創業者　35
2. 起業家　38

第4章　起業家輩出の経営風土　　43
1. 起業家と経営風土とのかかわり　43
2. 経営者にとっての風土　46
3. 起業家を輩出する風土に向けて　50

第5章　ベンチャー企業の企業家精神と経営者像　　56
1. 企業家精神　56
2. 経営者の実像　58
3. 成功の方程式　62

目次

第Ⅲ部　ベンチャービジネスのマネジメント

第6章　ベンチャー企業のマネジメントの特性 …………… 69
　1. 企業成長のモデル　69
　2. 産業構造の進化　72
　3. 経営革新のマネジメント　76

第7章　ベンチャービジネスの経営戦略 ………………… 84
　1. 経営理念の意義　84
　2. 経営戦略の必要性　85
　3. 企業の意思決定　87
　4. 企業姿勢と価値観　91

第8章　ベンチャービジネスのマーケティング戦略 ………… 96
　1. 事業機会のマーケティング戦略　96
　2. 市場細分化と製品差別化の戦略　99
　3. プロダクト・ポートフォリオ・マネジメントの戦略　102
　4. マーケティング戦略の潮流　105

第Ⅳ部　ベンチャービジネスとインフラ

第9章　ベンチャービジネスの制度インフラ ……………… 111
　1. ベンチャービジネス以前　111
　2. ベンチャービジネスという概念の登場：1970年代　114
　3. 制度インフラ整備のはじまり：1980年代　115
　4. 支援制度の多様化：1990年代以降　116
　5. 起業への直接支援：インキュベーターという制度インフラ　121

第10章　ベンチャーキャピタルの課題　129
　1. ベンチャーキャピタルとは　129
　2. ベンチャーキャピタル事業の特色　131

3. ベンチャーキャピタルの投資決定プロセス　137

　4. 日本のベンチャーキャピタル　141

第11章　ベンチャービジネスの日米比較 …………………… 150

　1. 日米比較の意義と方法　150

　2. 日米の差異分析　153

　3. 起業活動の格差要因　154

　4. 日本のベンチャービジネスの課題と方向　164

第V部　ベンチャービジネスの育成と支援

第12章　ビジネスプランと起業家育成 …………………… 171

　1. ビジネスプランとは　171

　2. ビジネスプラン作成の留意点　171

　3. ビジネスプランの内容と作成面での留意点　174

　4. 起業家育成　181

第13章　ベンチャー企業の支援と育成の課題 …………… 188

　1. わが国におけるベンチャー企業の支援　188

　2. ベンチャー企業育成のための課題　192

　3. ベンチャービジネスを育成するための条件とは　197

索引 ……………………………………………………………… 203

第Ⅰ部
現代社会とベンチャービジネス

- 第Ⅰ部 現代社会とベンチャービジネス
  - 第1章 ベンチャービジネスと中小企業の経営革新
  - 第2章 地域経済発展に果たすベンチャービジネスとIT企業

ベンチャービジネス
ベンチャリング

- 第Ⅱ部 起業家とベンチャー企業経営者
- 第Ⅲ部 ベンチャービジネスのマネジメント
- 第Ⅳ部 ベンチャービジネスとインフラ
- 第Ⅴ部 ベンチャービジネスの育成と支援

第1章の要約

　日本の中小企業が減少を続けている．この現状を打開するために，中小企業による経営革新の実現が求められている．
　また，新事業創造者としてのベンチャービジネスに対する期待も大きい．要するに，新産業の創造と産業構造転換を進める企業体としての役割が，中小企業とベンチャービジネスに求められているのである．しかし，企業が経営革新を実現するためには，経営体質改善活動による組織運営力の向上と今日のサービス経済化に対応した事業創造活動が必要不可欠である．

第1章　ベンチャービジネスと中小企業の経営革新

1.　ベンチャービジネスの経営特質

　新たな企業の創造は，不確実性に対するひとつの解答である．経済活動は，将来を予測することとその予測が正しくないためにリスクを負うことを必然的に伴うものである（Pratten, C., 1991：7）．

　ベンチャービジネスは，経済の不確実性の中で，リスクを負いながらハングリー精神と起業家精神を発揮する起業家によって営まれ，産業の再活性化と産業構造転換を進める企業体としての役割が期待されている．

　実際，持続的に変化する消費者ニーズ，高まる国際競争，より「柔軟な」労働形態，企業間相互連関の拡大，高度情報ネットワークと高速交通体系の整備の進展などによって特徴づけられている「脱」工業化社会の中で，垂直的に統合された大企業は，厳しい競争に勝ち抜いていくことができないとみなされている．それに対して，中小企業主導の経済成長ならびに発展の時代に入ったとする多くのさまざまな意見がある．

　第1に，中小企業は多くの構成要素からなる競争者あるいは高次の相互依存ネットワークの一員であると考えられる．こうした中小企業が多数存在することによって，新生産方式や新技術を提供する機会を創出し，一国の競争優位を確立する産業基盤となるのである（Harrison, B., 1992：471, Porter, M. E., 1990：69-130）．

　第2に，中小企業は，大企業よりも多くの新たな職業を創造するもっとも重要な役割を果たしている（Birch, D. L., 1987：14-16, 95-96）．

　第3に，中小企業は，大企業とは異なる最先端の技術革新活動に重要な貢献を果たしている．とくに，最先端技術に基づく新しい中小企業が起業家精神を発揮することによって，もっとも活力のある成長を達成し，地域ならびに一国の経済に最大の影響を及ぼしている（Acs, Z. J. & Audretsch, D. B., 1990：50-59, Oakey R. P. & Rothwell, R., 1986：258-283）．

第4に，消費市場の飽和化と消費者ニーズの多様化は，規模の経済を発揮しにくい「すきま市場」，いわゆる「ニッチ市場」を台頭させるため，大企業では対応不可能な範囲の経済が台頭するようになり，これに対応可能な中小企業の存立分野が拡大している．

　ベンチャービジネスは，こうした環境変化の中で，既存の大企業や中小企業よりも機動力，柔軟性，意思疎通の容易性，全社体制で目標に向かう集中性をより高度に発揮する活力ある中小企業であるといえる（百瀬，1985：1）．

　しかし，ベンチャービジネスについての定義は幅広く存在し，明確な定義はない．また，ベンチャービジネスという言葉は和製英語で，アメリカではスモール・ビジネス（Small Business）と，いわゆる「中小企業」にひとくくりされているか，あるいはベンチャーズ（Ventures），エマージング・イノヴェイティヴ・カンパニーズ（Emerging Innovative Companies），ニュー・ハイテクノロジー・カンパニーズ（New High-technology Companies）とよばれるのが一般的である（安保，1994：12-13, Michael, J. C., 1994：288）．

　そこで，ベンチャービジネスを特徴づけるもっとも一般的な概念をまとめると，「ベンチャービジネスとは，比較的若い未上場の中小企業で，大企業の直接的支配を受けず，変化するニーズに対応可能な独自技術（ハイテクのみではなく，経営・物流・販売ノウハウを含む自社独自の技術）を武器に，潜在需要を掘り起こすことにより差別化を行って新規市場を開拓し，企業の社会的役割を認識した革新的経営者が，起業家精神を旺盛に発揮して，積極的に経営を拡大し，創業者利潤を得ながら急成長している企業」（百瀬，1985：8）ということができる．

　また，不特定多数の企業をベンチャービジネスであるか否かを判断するためには，より明確な基準が必要である．たとえば，ベンチャービジネスを，規模基準，独立性基準，革新性基準，事業開始基準，起業家精神基準，株式公開および上場の意向，以上6つの基準に従って分類することができる（図表1-1参照）．

図表1－1　ベンチャービジネスの概念

		VECのVB概念	厳密なVB概念	ベンチャー的企業の概念
規模基準 (量的基準)		・未上場の中堅企業と中小企業	・株式会社 ・資本金1億円未満 ・従業員100人未満	・株式会社に限らない ・資本金，従業員規模にこだわらない
独立性基準 (質的基準)		・上場企業が実質的に支配していない企業	・同左	・上場企業が実質的に支配している企業も含む
革新性基準	(質的基準)	・新しい技術やノウハウを武器に市場を開拓している	・同左	・同左
	(量的基準)	・なし	・売上高に対するR&D費比率が10%以上（製造業） ・卸，小売，サービス業においては製造業におけるR&D費に代わるものが同業他社平均を大きく上回っている	・同左が3%以上 ・同左
事業開始基準 (量的基準)		・若い企業である	・設立後10年以内の企業	・設立後30年以内の企業だが，新たな事業分野への取り組みを行っている企業も含む
起業家精神基準 (質的基準)		・経営者が企業の社会的役割を認識し，積極的に経営を拡大しようとしている	・経営者が確固たる経営理念を持って企業の社会的役割を認識し，積極的にリスクに挑戦し経営を拡大しようとする熱意をもっている	・同左
株式公開および上場の意向 (質的基準)		・将来公開意欲をもっている	・上場への意向をもっている	・どちらでもよい

出所）百瀬恵夫（1985：9）に加筆

　この概念に従えば，厳密なベンチャービジネスの概念を狭義のベンチャービジネスとして，またベンチャー的企業を広義のベンチャービジネスとして明確に分類することができる．

この狭義のベンチャービジネスには，創業間もない企業であること，ハイテク・専門技術，先進的ノウハウ志向企業であること，小規模企業であるなどの経営特性が存在する．また，狭義のベンチャービジネスは，新しい企業であるがために生じる経営課題も内包している．この経営課題には，つぎの8つがあるといわれている（Kuratko, D. F. et al., 1995：319；百瀬，1985：2-4）．

① 客観的評価・管理の欠落
② 市場に対する本質的認識不足
③ 技術的必要条件の不十分な理解
④ 資金調達力不足
⑤ ベンチャー的ユニーク性の欠落
⑥ 法律的問題の無視
⑦ 人材不足
⑧ 経営理念の軽視

　①は，ベンチャービジネスの起業家がエンジニアや技術者であることから生じる課題である．とくに，財務管理に弱い起業家が多く，資金繰りの悪化で経営破綻を生じる場合もある．この問題を回避するために起業家は，財務管理の重要性を認識して，財務諸表などを活用するなどして日常業務の資金流を常に把握する必要がある．

　②は，多くの起業家がベンチャービジネスの設立時にマーケティングの重要性を認識していないために，経営姿勢が近視眼的であること，新製品や新サービスを導入するさいに考慮しなければならない製品やサービスのライフサイクルを理解していないことなどから生じる．その結果，販売能力の脆弱性につながっている．

　③は，新製品開発には新技術が必要となるが，製品を開発・製造する場合の技術的な困難を予想することに失敗してしまうという課題である．起業家は，予期せぬ技術的な困難に遭遇することに備えて，新技術に関する情報収集を怠ってはならない．

④は，①とも関連するが，起業家は頻繁に巨額な開発費を過小評価する傾向にある．つまり，新製品を開発し，プロジェクトに成功するために必要な資金を過度に楽観的に見積もることから資金不足に陥る．とくに，開業間もないベンチャービジネスには，内部留保もなければ，金融機関から巨額な資金を調達する信用能力もないために，資金調達力が不足している．その結果，起業家が研究開発費や開業資金を少なく見積もってしまう傾向にある．

　⑤は，現実のマーケットでは，起業家が考えるほど，自社の製品やサービスがユニークではないことから生じる．つまり，新しいベンチャービジネスであるならば，その製品やサービスはユニークであるはずである．しかし，先行する企業や他のベンチャー企業と比べて，このユニークさが，顧客をベンチャービジネスに引きつける特別な特徴を有していないことが多いのである．

　⑥は，事業が多くの法律上要求される課題に直面していることから生じる．法律上の課題として，第1に従業員に安全な労働環境を提供する必要性，第2に発明や製品を保護するための特許，工業所有権，商標，著作権など知的財産権がある．

　⑦は，ベンチャービジネスの場合，開業当初から人材確保の困難に直面していることから生じる．事務系・技術系人材や資金供給者など，技術と経営の両面で企業経営を支える十分な専門知識をもった人材の確保が，ベンチャービジネスにとってはむずかしいことである．

　⑧は，ベンチャービジネスの起業家が，技術系出身者が多いために生じる．文化系起業家に比べて技術系起業家の経営理念に対する認識が弱い．一方で，成功している企業には，確固たる経営理念が確立されている．つまり，将来ビジョンをもつことが，企業の方針と将来の展望をきめるのである．

　一般的にベンチャービジネスの経営特性は，起業家精神を発揮する起業家によって率いられ，ハイテク・専門技術・先進的ノウハウを追求するイノベーターとして，プラスの特性が強調されがちである．しかし，巨額な研究開発費や開業資金を調達する能力不足，マーケティング力・販売能力・新技術情報収

集力の脆弱性，必要な人材の不足，経営理念の未確立など，一般的な中小企業よりも経営課題を数多く有している．

2. 新事業創造者としてのベンチャービジネス

　ベンチャービジネスは，既存の大企業や中小企業よりも機動性，柔軟性，トップダウン型の意思決定の容易性，全社体制で目標に向かう集中性を，より高度に，しかも迅速に発揮して急成長する中小企業のことである（百瀬，1985：1）．

　わが国をはじめとする先進諸国では，その経済がすでに成熟段階にある中で，産業の再活性化と産業構造転換を進める中心的な役割を果たす企業体として，ベンチャービジネスの果たす役割が期待されている．換言すれば，中小企業がもつ数々の役割の中で，ベンチャービジネスは，新産業を生み出す苗床機能(Seed-Bed-Function)，いわゆる新事業創造者としての役割に対する期待が高まっているのである．

　具体的にわが国経済は，1985年のプラザ合意以降の円高の持続的進行と，東アジア諸国の急速な経済発展に伴う製品輸入の急増が，バブル経済崩壊に追い打ちをかけた結果，わが国の製造業は，生産拠点の海外移転と経営体質強化のためのリストラクチャリングを行ってきた．加えて，1991年のバブル経済崩壊後，長期にわたる株価，地価の下落を中心としたストック不況と，一般消費財分野から耐久消費財分野にまで及ぶ低価格化に伴うデフレ経済の谷に陥り，産業構造の転換が求められてきた．

　景気が回復基調に戻った2005年以降も，この傾向は，東アジア諸国の経済発展が続く今日では，持続する可能性が高い．そのため，国内産業の空洞化や失業問題の発生に対する懸念は，いっこうになくなる気配がない．

　こうした状況は，これまでの量的拡大に適した日本経済システムを崩壊させると同時に，質的発展を目指す新たな日本経済システムを構築する最大の産業構造転換を進展させる契機となっている．この産業構造転換の具体的な潮流は，

規制緩和の進展，ニッチ市場の台頭，自然環境ならびに歴史・文化遺産の保護・保全の推進，高度情報化・高速交通体系の整備の進展，急速な高齢化社会の到来などである．

しかし，こうした変化の潮流は，わが国産業にとって既存分野の縮小・衰退のみを意味するものではなく，新たな産業分野，すなわちニュー・フロンティアの到来をも意味するものである．たとえば，環境ビジネス，ヘルスケアビジネス，マルチメディア関連ビジネスなどが考えられる．そこで，こうしたニュー・フロンティアの到来を敏感に察知し，新たな製品・サービスの開発や生産工程・流通過程の革新といったイノベーションを積極的に推進するベンチャービジネスが多数出現することで，産業構造転換を推進し，産業活力が再活性化される結果，日本経済の景気回復と産業の空洞化が阻止されるとともに，21世紀の日本経済を支える主力産業に成長することが期待されているのである．

3. サービス経済化とベンチャービジネス

経済や社会を取り巻く環境は，常に持続的に変化する流れの中にある．今日，わが国経済は，第2次世界大戦後の量的拡大に適した日本経済システムが終焉を迎えている．従来の大量生産・大量消費型経済から，変種変量生産およびハイテク・ハイタッチ型のサービス経済化が進むはずである．

そこで，これからの産業構造転換の潮流をみていくと，主につぎの6つに分類することができる．つまり，さらなる経済活動の国際化の進展，規制緩和の進展，ニッチ市場の台頭，自然環境の保護・保全の推進，高度情報化・高速交通体系の整備の進展，急速な高齢化社会の到来と労働形態の多様化である．

まず第1に，さらなる経済活動の国際化は，さまざまな形で展開する．つまり，①東アジアや中南米の新興工業諸国の急速な経済発展による製品輸出市場における国際競争の激化，②新興工業諸国からの製品輸入の増大に伴う国内市場における競争の激化，③新興工業諸国市場の急拡大と国際情報通信ネッ

トワークの構築などに伴う生産・販売拠点の国際展開と国際水平分業体制の成立などである。

しかし，経済活動の国際化は，逆に国あるいは地域ごとに特色ある産業が発展するチャンスを与えてくれる。それは，各地域がもつ特有の産業風土を基盤として成り立つ産業である。その産業は，単なる価格競争に巻き込まれることはなく，性能，品質，納期，標準化規格などの非価格競争力を有することで国際競争力を確保する。

第2に，規制緩和の進展は，日本を含めた先進工業諸国のみならず，新興工業諸国も巻き込んで，今後，数十年間にわたって繰り広げられることになろう。こうした流れの中で，従来，規制によって参入することのできなかった産業分野に，新たなビジネスチャンスが拡大する可能性がある。しかし，新たな産業分野は，情報通信事業，医療サービス事業など，国家的なプロジェクトに基づく事業分野や公共性が非常に高く，規制がもっとも厳しかった事業分野に限定される。それ以外の分野における規制緩和は，既存企業と新規に参入する企業との間に熾烈な競争を生じさせながら，当該産業分野の新業態への転換を促進することにつながる。

第3に，ニッチ市場の台頭は，日本を含めた欧米先進諸国における消費市場の飽和と消費者ニーズの多様化に伴う現象である。つまり，規模の経済が発揮しにくい「すき間市場」，いわゆる「ニッチ市場」が台頭する。これに対して製造業は，多品種少量生産や限りなく受注生産に近い生産を求められるようになる。また，サービス業では個別ユーザーごとにきめ細かな対応を求められるようになる。こうした市場の変化は，大企業では対応不可能な分野を拡大させることから，多くの中小企業の参入を促すことになる。加えて，小回り性や機動性といったフレキシブルな生産形態やサービスの提供形態が求められ，大企業よりも中小企業に優位な市場環境がもたらされる。しかし，当初ニッチ市場であった分野も，マス市場に転換する場合もある。たとえば，自動車産業では，RV（レクリエーション・ビークル）市場は当初，ニッチ市場であったが，今

では自動車イコールRVといわれるほどまでに成長している．市場規模の変動は，その製品やサービスの市場が，主流になれるか否かにかかっている．それゆえ，市場規模変動に伴う企業の参入撤退の動きは，成長分野であればあるほど大きなものとなる．

　第4に，自然環境の保護・保全の推進は，国際的な環境問題の解決につながることから，今後，もっとも有望な産業分野を形成する可能性が高い．というのも，環境問題の解決なくしてわれわれ人類を含めた地球上の動植物の存続は考えられないからである．環境ビジネスの分野は，直接的に自然環境の保護・保全を推進する分野だけではない．既存産業の企業が，環境汚染物質の排出量を削減したり，廃棄物のリサイクルや化石燃料の省エネ化を進めたりすることも環境保護・保全につながる．この意味で新たに誕生する企業のみならず，既存企業自身が取り組まなければならない事業分野が大きく残されている．

　第5に，高度情報化・高速交通体系の整備の進展は，これまでのビジネスサイクルやビジネスシーンを一変させる可能性がある．とくに，インターネットに代表される高度情報化は，パソコンやワークステーションといったコンピュータのダウンサイジング化，低価格化，ネットワーク化によって達成される．これによって，これまで企業内や系列企業間専用であったコンピュータ情報ネットワークから，一気にすべての企業と消費者を直接結びつけるネットワークを展開できるようになった．

　たとえば，ホームショッピングや電子商取引といったものが，すでに実用化されつつある．しかし，この分野には解決しなければならない多くの問題が残されている．それは，個別の秘密情報の保持や電子取引上の犯罪防止など，ネットワーク自身が抱える技術上の問題である．さらに，消費者の買い物行動は，企業が単に商品とその価格情報だけを消費者に提供すれば，実行に移されるわけではない．消費者がお店に出向いて商品を見て触れて，そして店員と会話をするといった買い物行動自体が，消費者にとってひとつの楽しみにもなっていることから，すべての買い物行動がネットワーク上で行われるようなこと

にはならない．これと同じことが，企業間取引でもあり得る．直接，取引先企業に出向いて，相互に理解を深めながらビジネスを進めていくことが，いつの時代になっても非常に重要であることは，自明のことである．こうした従来のやり方に加えて，コンピュータ情報がもつ迅速性，保存性，省エネルギー性などを活かして，有効に活用することが，より現実的な対応である．

　第6に，急速な高齢化社会の到来と労働形態の多様化は，65歳以上の人口の割合が増えるために，生産年齢人口層の社会保障費負担を大きくするといった問題を台頭させながら，女性と高齢者の社会進出を必要不可欠なものとして要請する．たとえば，65歳以上の高齢者の場合，一言で高齢者といっても，わが国の平均寿命が男女ともに80歳前後となった今日，高齢者の生活シーンは，従来になく多様化していくことが予想される．具体的には，所得も余暇も十分にもつ高齢者，定年退職後も生き甲斐や生活のために仕事を続けたい高齢者，不幸にして病床に伏す高齢者など，同じ高齢者といっても，その生活シーンは大きく異なっている．こうした高齢者をターゲットにしたビジネスは，今後ますます重要性を増すであろう．しかも，高齢者を消費者としてとらえるビジネスと，高齢者を有効かつ経験豊富な人材として活用するビジネスの2つが，今後台頭してくる可能性がある．

　以上のような変化の潮流は，わが国の産業にとって既存分野の縮小・衰退のみを意味するものではない．逆に，新たな産業分野，とくにサービス業を中心としたニュー・フロンティアの到来を意味する．つまり，変化の中にこそ，新たなビジネスチャンスが存在し，ここにベンチャービジネスが活躍する場があるといえる．

　したがって，今日では，こうした新たなビジネスチャンスの到来を敏感に察知し，新たな製品・サービスの開発や生産工程・流通過程の革新といったイノベーションを積極的に推進するベンチャービジネスは，サービス業を中心に誕生しているのである．

4. 求められる中小企業の経営革新

　日本の中小企業が減少を続けている．とくに，1985年のプラザ合意以降，中小製造業の減少に歯止めがかからない．経済産業省「海外事業活動基本調査」によると，製造業の海外生産比率は，1992～2001年の10年間で6.2%から16.7%へと約2.7倍に増加した．その結果，中小製造業では，海外生産の増加に伴い，国内生産を減少させる企業が増え続けている．この傾向は，中国をはじめとする東アジア諸国の経済発展が続く中，今後も長期にわたって持続する可能性が高い．

　また，全国各地に立地していた商店街では，中小小売業の廃業・倒産が続出し，シャッター通りと化している．その一方で，コンビニエンスストアやドラッグストア，ホームセンターや家電量販店などのチェーンストアによるロードサイドショップの快進撃が続いている．大型GMS（スーパー）やショッピングモールの地方展開も本格化している．中小小売店における後継者難，資金不足，事業意欲の減退なども加わって，こうしたチェーンストアや大型店舗による日本全国での多店舗展開は，今後も留まる気配がみられない．

　こうした中小企業の大幅な減少傾向は，即，地域経済の衰退につながる．したがって，地域経済の再活性化を期待して，地域内で新たに誕生するベンチャービジネスによる新規事業創造が期待されている．しかし，日本の企業による開業・廃業率は，事業所ベースでみた場合（図表1－2参照），1966年以降，開業率は1969～72年に7.0%と最高値を記録して以来，一貫して減少傾向に陥り，94～96年に3.7%と過去最低の水準となった．その後，開業率は横ばい状態が続いている．一方，廃業率は，66年以降，プラザ合意直後の86年までは，3～4%の間で推移してきた．しかし，89～91年以降，廃業率が開業率を超える4.7%を記録後，96～99年には5.9%と最高値を記録した．99～01年は再び4.2%に落ち着くが，廃業率が開業率を上回る状態が続いている．

　新しく誕生する企業の割合が非常に低水準に留まっていることから，既存の

第1章　ベンチャービジネスと中小企業の経営革新

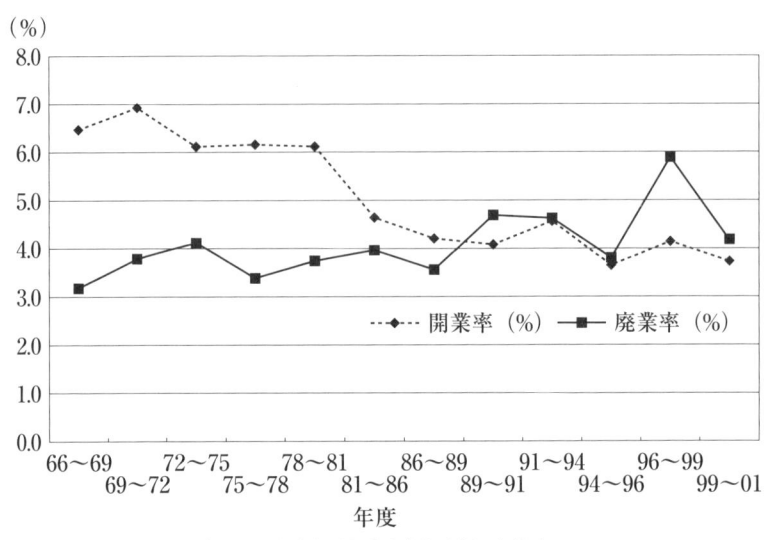

図表1－2　日本の事業所の開業・廃業率の推移

出所）総務省統計局「事業所・企業統計調査」各年度版より作成

中小企業による経営革新に対する期待も高い．

たとえば，中小製造業に対しては，日本国内での生産活動の存続，維持，発展を目指した経営革新への取り組みが期待されている．また，中小小売業に対しては，地域の中心市街地の賑わいづくりや地域住民が安心して暮らせる安全でバリアフリーな街づくりにおいて，主導的な立場に立つことが期待されている．もちろん，こうした取り組みに対して，地域の小売業だけではなく，地域産業が一体となった経営革新への取り組みが必要不可欠である．

しかし，中小企業による経営革新というと，即，新製品開発や新技術開発など，技術革新に重点をおく取り組みが重要視される傾向がある．たとえば，異業種交流や新連携を通じた新製品・新技術開発を行う中小企業のグループに対する中小企業支援策として，中小企業新事業活動促進法がある．これは，やる気のある中小企業や中小企業のグループが，新製品の開発や生産，製品の新たな開発や販売方法，新サービスの開発や提供など，当該事業者にとって新たな取り組みであれば，すでに普及しているものでも支援を行うものである．

図表 1 − 3 　経営革新の実現

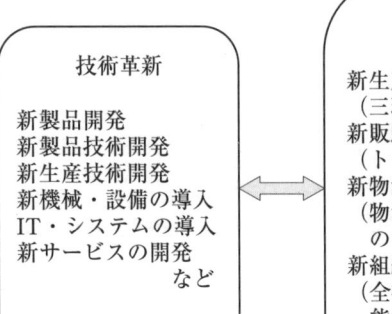

```
┌─────────────┐      ┌──────────────────────────────┐
│   技術革新    │      │        経営体質改善活動          │
│             │      │                              │
│ 新製品開発     │      │ 新生産方法の導入                │
│ 新製品技術開発  │ ⇔   │ 　（三現主義に基づく創意工夫，改善活動）│
│ 新生産技術開発  │      │ 新販路開拓                    │
│ 新機械・設備の導入│      │ 　（トップセールス，現場営業）     │
│ IT・システムの導入│      │ 新物流体制の構築               │
│ 新サービスの開発 │      │ 　（物流業，ロジスティクス・コンサルタントと │
│         など  │      │ 　　のコラボレーション）            │
│             │      │ 新組織運営の実現                │
│             │      │ 　（全社的経営理念浸透，実践的人材育成と │
│             │      │ 　　能力開発）                  │
│             │      │                         など │
└─────────────┘      └──────────────────────────────┘
```

（新しいことへの挑戦と実行のための車の両輪）

　元来，経営革新とは，シュンペーター（Schumpeter, J. A.）がアントレプレナーの機能として創造的破壊と定義づけた内容すべてのことをいう．すなわち，経営革新は「新製品の生産，新サービスの提供，新生産方法の導入，新販路開拓，新物流系統，新組織形成などの実現」（Schumpeter, 邦訳，1977：180-183, 198-199）のことである．通常，経営革新というと，とかく新製品や新技術，新サービスの開発のみにとらわれがちである．

　しかし，経営革新による取り組みは，製品や機械設備，あるいは生産技術やITなど，ハード面に対する技術革新だけではない．新生産方法の導入，新販路開拓，新物流系統，新組織形成のためには，社内では適切な財務管理，労務管理，生産管理，品質管理，人事政策などが実行され，日常的に全社的な改善活動が行われている必要がある．また，人的資源開発や社外のヒューマンネットワーク構築なども重要な取り組みとなる．つまり，ソフト面を駆使した経営体質改善活動が経営革新のためには欠かせない取り組みといえる．

　ちなみに，新しい生産方法は，日常的な作業現場における生産工程の改善活動の中から生まれる．現地，現物，現実の三現主義に基づく現場従業員の創意

工夫がものをいうのである.また,新しい販路の開拓は,経営トップ自らによるトップ・セールスから営業部隊による日頃の現場営業による積み重ねなくして,新しい顧客とのつながりは構築不可能である.新しい物流体制の整備は,自社単独では物流管理・運営範囲に限界が生じるため,通常,物流の専門業者やロジスティクス・コンサルタント業者とのコラボレーションを必要とする.そして,新しい組織運営の実現は,社内の制度改革や組織管理システムの導入だけでは実現できない.つまり,経営理念の全社的浸透活動や全従業員による実践的な人材育成と能力開発がなされた上でなければ,新しい制度やシステムの導入は成功しない.

このように経営革新は,技術革新と経営体質改善活動が車の両輪となって実行されることによって,はじめて実現するのである(図表1-3参照).

演・習・問・題

問1 中小企業の経営革新に必要な取り組みについて,論じなさい.
問2 ベンチャービジネスの概念と経営課題について,論じなさい.
問3 ベンチャービジネスが挑戦し,活躍する可能性の高い産業分野について論じなさい.

参考文献

Acs, Z. J. and D. B. Audretsch (1990) *Innovation and Small Firms*, Cambridge, MA : MIT Press.

Birch. D. L. (1987) *Job Creation in America : How Our Smallest Companies Put the Most People to Work*, New York : The Free Press.

Harrison, B. (1992) Industrial Districts : Old Wine in New Bottles?, *Regional Studies*, 26 Number 5, Journal of Regional Studies Association.

Kuratko, D. F. and R. M. Hodgetts (1995) *Entrepreneurship : A Contemporary Approach*, 3rd ed., The Dryden Press.

Martin, M. J. C. (1994) *Managing Innovation and Entrepreneurship in Technology Based Firms*, John Wily & Sons, Inc.

Oakey, R. P. and R. Rothwell (1986) High technology small firms and regional industrial growth, in Ash Amin and John Goddard (ed.), *Technological Change, Industrial Restructuring and Regional Development*, Unwin Hyman Ltd.

Porter, M. E. (1990) *The Competitive Advantage of Nations*, The Free Press.

Pratten, C. (1991) *The Competitiveness of Small Firms*, Cambridge University Press.

Schumpeter, J. A. (1971) "The Fundamental Phenomenon of Economic Development," in Peter Kilby (ed.), *Entrepreneurship and Economic Development*, The Free Press.（塩野谷祐一・中山伊知郎・東畑精一訳『経済発展の理論上・下）』岩波書店，1977年）

百瀬恵夫（1985）『日本のベンチャービジネス』白桃書房

安保邦彦（1994）『ベンチャービジネス・キャピタル再生の道』同友館

―――《推薦図書》―――

1. Schumpeter, J. A. (1971) "The Fundamental Phenomenon of Economic Development," in Peter Kilby (ed.), *Entrepreneurship and Economic Development*, The Free Press.（塩野谷祐一・中山伊知郎・東畑精一訳『経済発展の理論（上・下）』岩波書店，1977年）
　　起業家や起業家精神，および経営革新や技術革新の基本概念を学ぶ場合に最適。
2. 上田浩明（1997）『輝けベンチャービジネス起業家を志す人におくる』開発社
　　豊富な成功企業事例を用いて，ベンチャービジネスの経営特質を明らかにする。
3. 百瀬恵夫・森下正・D. H. ウイッタカー（1999）『中小企業 これからの成長戦略―日本は飛躍する英国から何を学ぶべきか』東洋経済新報社
　　日英の革新的な中小企業調査に基づく中小企業の経営革新を紹介。
4. 中村明・米倉誠一郎（2005）『成功のルールは変わった！―VCから見たベンチャービジネスの真実』企業家ネットワーク
　　VCの目からみた今後のベンチャービジネスの経営戦略を明らかにする。
5. 岸川善光・谷井良・八杉哲（2004）『ベンチャー・ビジネス要論』同友館
　　ベンチャービジネスに関連する国内外の文献を網羅した理論と実践の書。

第2章の要約

　未来の主力産業は，ITやバイオなどのハイテク産業であろう．しかし，ハイテク産業が集中・集積している地域は限られている．事実，こうした地域は，時代の先端をゆくベンチャービジネスを中心に構成されている．ここでは常に，新事業が創造されているが，地域経済の持続的発展には限界も存在する．とくに，ITの場合，雇用の学歴別構成が高学歴層に偏っているため，低学歴層への雇用拡大が望めないなどの課題もある．

第2章　地域経済発展に果たすベンチャービジネスとIT企業

1. 地域経済発展とベンチャービジネス

　新規に開業するベンチャービジネスは，一国並びに国内地域における経済発展に対して，次のような機能と役割を果たすといわれている（Harrison, B., 1992：471；Porter, M. E., 1990：69-130）．

　①　競争企業や相互依存企業の一員として，ベンチャービジネスが多数出現することによって，新生産方式や新技術を提供することで，競争優位を確立する産業基盤となる．

　②　大企業よりも多くの新たな職業を創造する役割を果たす．

　③　大企業とは異なる最先端の技術革新活動に重要な貢献を果たす．とくに，最先端技術に基づくベンチャービジネスが企業家精神を発揮することによって，もっとも活力のある成長を達成し，地域ならびに一国の経済に多大な影響を及ぼす．

　しかし，このようなベンチャービジネスがもつ機能を十分に発揮できる創業・経営環境を個々の地域で構築するためには，多くの困難を伴う．というのは，現在整備が進んでいる公的創業支援・助成策が，直接，新規開業を促進する要因とはなり得ないからである．なぜならば，企業家精神を発揮して新たに企業を起こし，リスクにチャレンジしようとする企業家そのものが多数出現しなければ，新規開業は増えないからである．したがって，新規に開業しようとする企業家そのものを育成し，かつ企業家本人に対して民間部門の投資家が，投資しやすい環境を整備することのほうが先決である．要は，ベンチャービジネスの新規開業を増やすためには，創業環境要因や条件を整備すると同時に，創業阻害要因を克服する必要がある．

　さらに，ビジネスチャンスが豊富に存在し，人的ネットワークと企業間ネットワークを円滑かつ迅速に構築できる地域は，どこの国でも全国一律には存在しない．新しい企業が誕生し，既存企業が移転してくる地域は，一定規模の人

口,事業所,行政機関,大学,研究所などが,集中・集積立地している地域に限られる.言い換えると,ベンチャービジネスが誕生しやすい地域が偏在しているという事実は,避けては通れない.

実際,先進諸国では,イノベーションの源泉である研究開発機関や施設,フェイス・トゥー・フェイスの人間関係,供給者・サービス・情報に対する近接性,空港や大学を含む都市基盤などが集積している大都市地域であることが,企業立地の大きな要因となっている(Malecki, E. J. et al., 1992:124-125).

ベンチャービジネスに限らず,既存の大企業や中小企業が集中・集積立地している地域は偏在している.それは,各地域がもつ固有の産業風土が,企業立地に大きな影響を及ぼしているからである.言い換えれば,産業風土が一定の集積の経済を有する地域を形成,あるいは集積の経済を形成する企業そのものの誕生や進出を促す.その結果,この集積の経済が,立地企業に多くのビジネスチャンスと経済的なメリットを提供しているのである.

ここでいう集積の経済とは,地理的空間に直接的な生産者(企業,工場,商店),労働プール,金融資本,情報など,物的・社会的インフラストラクチュアが集中・集積していることである.そのような環境に企業が立地することで,少なくともその地域が拡大を続けていくことのできる限界まで,これら多様な物的・社会的インフラストラクチュアが,あまり集中・集積していない地域に立地している企業よりも,コストを削減することができるのである.あるいは,逆に,そのように物的ならびに社会的インフラストラクチュアが高度に発達し,より密集,集中している地域にある企業が,他の地域の企業よりも生産コストを削減できる限り,集積の経済は企業に立地地域と関連する多様な外部経済を提供することになる(Harrison, B., 1992:472, Marshall, A., 1961:266, 284, 317-318).

つまり,集積の経済を有する地域は,企業や人材の吸引力が高く,豊富な顧客や取引先を形成する.それと同時に,当該地域に立地する企業に必要な労働力と人材を供給する.しかもその調達にかかわるコストと時間を低減する.さ

らに，直接的な人間関係から生まれる多種，多様な情報を提供してくれるのである．

　しかし，この集積の経済は，永久不変のモノではないことを忘れてはならない．たとえば，わが国では，鉱業，鉄鋼業，造船業といったかつての基幹産業によって成立していた室蘭，釜石，佐世保などの企業城下町は，そのほとんどが新しい産業への構造転換を果たせないまま，集積の経済を崩壊させてしまった．また，アメリカでも，造船のフィラデルフィア，自動車のデトロイトなどは，往時の面影を残しながらも，かつての集積の経済を保持していない．

　経済・社会的環境変化の方向から判断すると，今日そして未来の主力産業としてもっとも成長性が高い産業は，コンピュータ通信産業および同関連産業（いわゆるIT産業），バイオテクノロジー産業などのハイテク分野であろう．ベンチャービジネスの先進国であるアメリカでも，こうしたハイテク型のベンチャービジネスが多数輩出される地域は，特定の地域に限られている．

　たとえば，半導体，ソフトウェア関連はシリコンバレー，バイオテクノロジー関連はサンディエゴ，通信やバイオテクノロジー関連はボストン（ルート128）などに集中している（西出，1996：19-20，129-130）．

　これらの地域は，まさに今日から未来へと成長・発展する可能性をもつ主力産業を有し，しかもそれを支えるインフラともいえる研究開発志向の大学と機械産業，部品産業，対事業所・対個人サービス産業，ベンチャーキャピタルやエンジェルといった金融業などが，集中・集積している集積の経済を有する地域なのである．そして，これらのインフラ産業も，ハイテク化，情報化，知識集約化を果たしながら，地域の基盤的な産業として存在価値を高めているのである．つまり，ベンチャービジネスの集積地は，時代の先端をゆくベンチャービジネスを中心とした成長産業のみならず，その基盤を支える関連産業の存在があってはじめて形成されるのである．

2. ベンチャービジネスとしての IT 企業

(1) インターネットの起源と普及要因

　企業へのコンピュータの導入は，1950年代に始まった．それ以来，すでに約50年の歳月が流れた．従来，企業の経営活動における情報化の推進は，一部の大企業だけが，高額な情報関連機器を導入することにより，企業内における特定部門の業務効率化を目的として行われたに過ぎなかった．いわゆる OA 化である．しかし，今日の情報化は，インターネット技術の普及，情報関連機器の小型化，低コスト化と情報通信料金の低価格化によって，先進国の一部の大企業だけではなく，世界中の中小企業と一般消費者も巻き込んで進行中である．つまり，いつでも，どこでも，誰もが，コンピュータ・情報ネットワーク，とくにインターネットに直接接続し，情報の受発信とその蓄積をすることができる時代となったのである．

　インターネットの起源に対する説はさまざまあるが，通常，アメリカ国防省高等研究計画局（ARPA：Advanced Research Project Agency）が1969年に軍事物資調達を目的にその実験を開始した ARPAnet であるとされている．ARPAnet は，その後，全米科学財団（NSF：National Science Foundation）によって，1986年から NSFnet として，その運用が引き継がれた．

　わが国におけるインターネットの起源は，慶應義塾大学，東京工業大学，東京大学間で構築された学術研究用ネットワークである JUNET（Japan University/Unix NETwork）からといわれている．また，この学術研究用ネットワークに加えて，より広範囲な利用を目的とする WIDE（Widely Integrated Distributed Enviroment）プロジェクトによって，情報ネットワーク技術の実験が本格的に行われた．この情報ネットワーク技術と通信・伝達方式が，現在のインターネットへと引き継がれている．

　しかし，当時のインターネットは，政府機関や研究機関など，特定機関による運用しか認められていなかった．個人による利用や企業による商用は，禁じ

られていたのである．インターネットの商用利用が認められたのは，アメリカでは 1990 年から，わが国では 1993 年からであった．それ以降，インターネットの利用者は，急激に増加することになった．

インターネットが消費者を含むパソコン利用者にまで，急速に普及することとなった理由として，次の要因が考えられる．

① 誰でも参加を可能にしたネットワークであること．
② それぞれ独立したコンピュータネットワークをつないだ分散管理型ネットワークであること．
③ グローバルなネットワークであること．
④ 画像情報，音声情報などのマルチメディア情報を容易に閲覧・提供できること．

これらの要因を引き起こしたインターネット技術として，1989 年に欧州合同原子核研究機関（CERN：Conseil Europeen pour la Recherche Nucleaire）で開発が始まった WWW（World Wide Web）と 1993 年にアメリカのイリノイ大学の NCSA（National Center for Supercomputing Applications）で開発された WWW ブラウザ "Mosaic" をあげることができる．この2つの技術の登場が，インターネットの普及に大きな影響をあたえたといえよう．初期のインターネット上では，情報交換できるものは文字情報が中心であった．しかも，その利用には専門的な知識を必要とした．しかし，この WWW の登場により画像情報，音声情報などのマルチメディアの情報を比較的に容易に閲覧，提供できるようになったのである．

(2) 急速に拡大するインターネットビジネス

インターネットの普及に伴い，インターネットビジネスも急速な勢いで拡大している．

インターネットビジネスは，一般的に「TCP/IP（Transmission Control Protocol/Internet Protocol ＝コンピュータ間の通信のための約束）を利用したコン

図表２－１　インターネットビジネスの概要

```
┌─────────────────────────────┐
│  ┌─────────────────┐        │       ┌──────────────────────────┐
│  │ インターネットコマース │────────┼───→ │ B to B市場（原材料取引市場） │
│  └─────────────────┘        │       │ B to B市場（最終消費財市場） │
│                             │       │ B to C市場（最終消費財市場） │
│  ┌─────────────────┐        │       └──────────────────────────┘
│  │ インターネット接続ビジネス │        │
│  └─────────────────┘        │
│                             │
│  ┌─────────────────┐        │
│  │ インターネット関連ビジネス │        │
│  └─────────────────┘        │
└─────────────────────────────┘
```

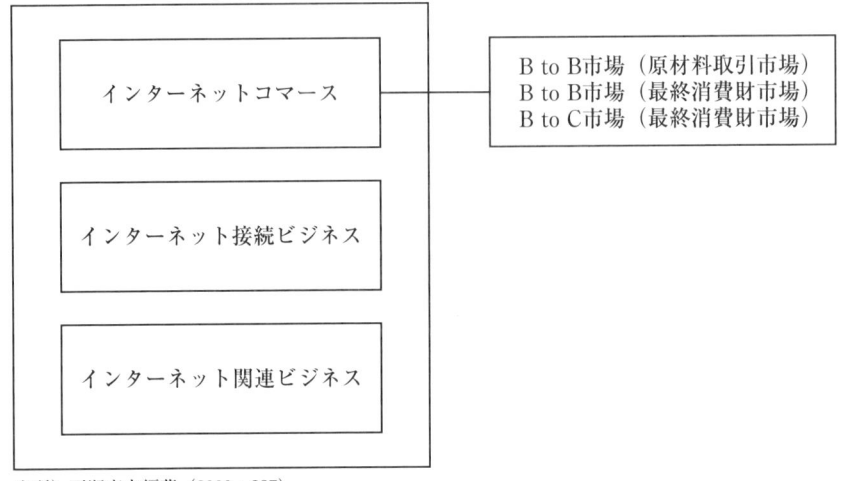

出所）百瀬恵夫編著（2000：227）

ピュータネットワーク上での商取引およびそのネットワーク構築や商取引に係わる事業」であるとされている．

　また，インターネットビジネスには，大きく分けて「インターネットコマース（Internet Commerce）」「インターネット接続ビジネス」「インターネット関連ビジネス」の３つに分類することができる（図表２－１参照）．

　まず，インターネットコマースとは，インターネット上で財やサービスの受発注を行うことである．このインターネットコマースは，商取引を行う当事者間の違いによって分類することができる．すなわち，企業間の取引である B to B（Business to Business）市場，企業と消費者間の取引である B to C（Business to Consumer）市場である．また，商取引だけではなく，情報交換を含めたその他の関係として，行政と企業間，行政と消費者間のネットワークがある．

　さらに，商取引の内容によってインターネットコマースを区分することもできる．つまり，最終消費財（サービスを含む）の取引を行う最終消費財市場と企業間の原材料などの取引を行う原材料取引市場である．

つぎに，インターネット接続サービスとは，インターネット・サービス・プロバイダ事業のことである．わが国のプロバイダ事業者には，コンピュータ・メーカーが出資した子会社である「メーカー系プロバイダ」，電気通信事業者で自前の通信回線をもつ「キャリア系プロバイダ」，ベンチャービジネスが新規参入した「独立系プロバイダ」がある．

　メーカー系プロバイダは，巨大な資本力を武器に積極的な設備投資を行うと同時に，低価格の接続料金を実現することで，多くの顧客の獲得に成功している．また，キャリア系プロバイダも，自前の通信回線を有する第1種電気通信事業者のメリットを生かして，安価な接続サービスを提供することで，新規顧客の獲得を円滑に進めている．しかし，独立系プロバイダは，資本力不足，認知度・知名度不足などにより，顧客獲得競争で苦戦の状況が続いている．

　その他，インターネット接続サービスに新規参入をはかっている事業者として，ケーブルテレビ（CATV）事業者，衛星インターネットサービス事業者，移動体通信事業者などがある．

　最後に，インターネット関連ビジネスには，インターネット接続端末市場，インターネット構築関連市場および周辺ビジネス市場がある．

　インターネット接続端末市場は，インターネットに接続されている端末機器の市場のことである．インターネット構築関連市場には，接続端末以外のインターネット関連機器，インターネット関連ソフトウェア，そしてインターネット構築・運用サービスなどがある．周辺ビジネス市場には，インターネットコマースに関わる認証・決済サービス，インターネット広告，インターネットコマースによる受発注を行った商品の保管・配送などを行う物流サービス，プロバイダのアクセスポイントまでの電気通信サービスがある．

　これらのインターネットビジネスには，最先端の技術革新を実現するハイテク業種が含まれている．ハイテク業種に属する企業は，最先端の技術革新活動を通じて，新技術や新生産方式を導入し，一国ならびに地域の競争優位を確立するような新しい産業を創造する可能性がある．しかも，インターネットビジ

図表2－2　事業所が増加した産業小分類別ハイテク民営事業所の推移

産業小分類	事業所数			
	2001年 実数	1996年 実数	1996～2001年 増加数	増加率
電気通信に付帯するサービス業	13,466	2,485	10,981	441.9
ソフトウェア業	19,537	13,128	6,409	48.8
その他の専門サービス業	48,657	44,158	4,499	10.2
他に分類されない事業サービス業	30,390	27,470	2,920	10.6
情報提供サービス業	2,135	1,669	466	27.9
その他の情報サービス業	1,772	1,421	351	24.7
情報処理サービス業	4,867	4,637	230	5.0
事務用機械器具賃貸業	711	635	76	12.0
計量証明業	815	750	65	8.7
自然科学研究所	2,580	2,552	28	1.1
航空機・同付属品製造業	447	427	20	4.7
合　計	125,377	99,332	26,045	26.2

出所）総務庁統計局統計調査部経済統計課事業所・企業統計室による「事業所統計調査報告」「事業所・企業統計調査報告」より作成

　ネスは，各市場ともインターネットの普及とともに成長を続けており，今後もその市場が拡大することが見込まれている．

　事実，1996～2000年に，事業所が増加した産業小分類別ハイテク民営事業所の推移をみると（図表2－2参照），インターネット関連ビジネスである電気通信に付帯するサービス業，ソフトウェア業，情報提供サービス業，その他の情報サービス業，情報処理サービス業が急増していることがわかる．一方，モノづくりを基盤とした最先端のハイテク製造業は，航空機・同付属品製造業のみである．

　したがって，今日における新産業創造の主役は，インターネットビジネスであるといえる．しかし，多様な新産業を創造するためには，ITと航空関連以外にも，バイオ，新素材，環境改善・保全など，多様な最先端技術を活用した新規事業を創造し，新たに雇用を創出するベンチャービジネスの新規開業と既存中小企業の経営革新が求められる．

3. ITベンチャービジネスの限界

(1) ITベンチャーの経営特性

　ITベンチャービジネスも，他の業種のベンチャービジネスと同様の経営特質をもっていることには変わりがない．つまり，創業間もない企業であること，ハイテク・専門技術，先進的ノウハウ志向企業であること，小規模企業であるなどの経営特性である．

　しかし，インターネットビジネスを手がけるITベンチャービジネスの中で，ソフトウェア業，情報提供サービス業，その他の情報サービス業，情報処理サービス業に属する場合，他の業種のベンチャービジネスとは大きく異なる経営特質がある．それは，従業員構成にみられる．

　一般的に，ハイテク・ベンチャービジネスの場合，理工系・高学歴（大卒以上）の就業割合が高くなる．しかし，製造業関連のベンチャービジネスの場合，取引関連の協力企業群も含めると，理工系，文科系に関係なく低学歴（高卒）の割合が増え，既存の産業とあまり変わらない就業構造をもつ．その一方で，ソフトウェア業，情報提供サービス業，その他の情報サービス業，情報処理サービス業に属するベンチャービジネスの場合，理工系，文科系に関係なく高学歴（大卒以上）の就業者割合が極端に高いという特性がみられる（図表2－3参照）．しかも，技術者の割合も高くなる傾向が強い．

　現在のわが国における大学（短大を含む）卒以上の進学率は，すでに50%を超えている．だが，低学歴者の割合が極端に少ない特性をもつITベンチャービジネスには，学歴別就業者構成のバランスが悪いために，雇用創出効果の側面から地域経済発展を考えた場合，問題がないとはいえない．とりわけ，地方では，大学等高等教育機関や研究機関があまり立地していない．そのため，ITベンチャービジネスに必要とされる人材の供給が不可能となっている．

　ITベンチャービジネスは，インターネットビジネスの拡大傾向に伴い，今後も新規参入が続くものと予想されている．したがって，地域経済発展の牽引

図表2-3　ベンチャービジネスの学歴別にみる就業者特性イメージ

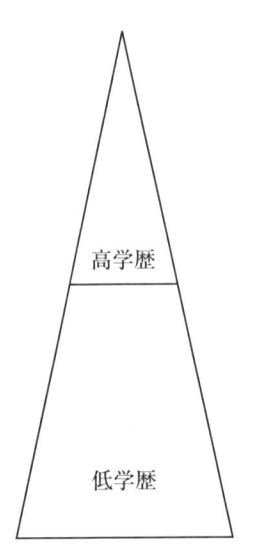

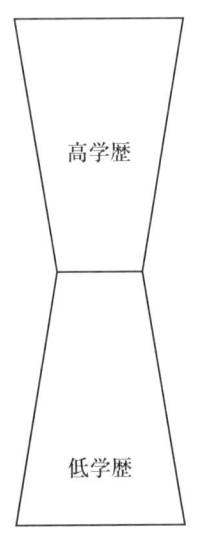

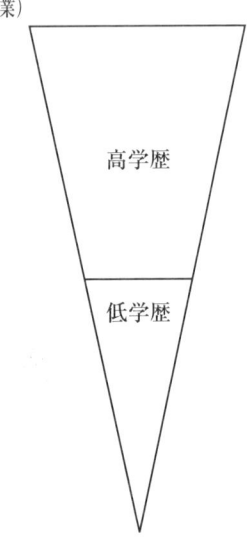

一般企業　　　　ハイテク・ベンチャー　　インターネットビジネス
　　　　　　　　　　ビジネス　　　　　　関連ベンチャービジネス

（ソフトウェア業，情報提供サービス業，その他の情報サービス業，情報処理サービス業）

一般企業：下部に「低学歴」，上部に「高学歴」（三角形）
ハイテク・ベンチャービジネス：上部に「高学歴」，下部に「低学歴」（鼓型）
インターネットビジネス関連ベンチャービジネス：上部に「高学歴」，下部に「低学歴」（逆三角形）

者としてITベンチャービジネスに対する期待は高い．だが，学歴別就業者構成のバランスが悪いために，地方における雇用創出の担い手として機能することが困難であるといえよう．

(2) 新規事業の持続的発展の難しさ

　1999～2001年夏頃まで，アメリカ西海岸にあるシリコンバレーでも，ITバブルが発生した．B to Cを手がけるドットコム・カンパニーの大量出現である．このドットコム・カンパニーは，ほぼすべての既存業種で誕生した．結果的にシリコンバレーのエリアは，北はサンフランシスコ，サクラメント，南はサンホセまで拡大した．しかし，このドットコム・カンパニーのほとんどが，2001年夏以降，事業継続不能に陥り撤退を余儀無くされたのである．事業内

容は，インターネットのウェブ・システムを活用して，消費者と企業との間に存在する時間と距離のギャップを解消して，多様な製品やサービスの販売を行うものであった（ドット・コム・カンパニーの数少ない成功事例がアマゾン・ドットコムである）．

　消滅した各社に共通する価格戦略は，通常の販売ルートで製品やサービスが販売されている価格よりも安い価格で，中には原価割れの価格で市場を一手に押さえる（囲い込む）というものであった．つまり，市場を一手に押さえることに成功し，価格を引き上げることが可能になるまで，売上があっても赤字という絵空時であった．

　事業のアイデアは革新的であったが，産業集積における物的・社会的産業基盤の機能と収支バランスを無視した事業であったため，事業が軌道にのることはなかった．どんなに革新的でユニークな事業を創造し，開始しても，継続不能な事業運営を行えば，その事業は消滅せざるを得ないのである．

　一方，どんな経済・経営環境にあっても，常に高収益を維持できる企業が存在する．それは，大企業か中小企業かという規模の違いによるものではない．企業規模は，それぞれの企業が存立する業種や業態，市場規模や市場特性などによって制約を受けるからである．

　したがって，新しい事業を創造した企業がその事業を持続的に発展させ続けるためには，日常的な改善，技術革新，製品やサービスのグレードアップなど，製品改革，工程変革，マーケティングの新方法，流通の新方法，市場ターゲットの新しいとらえ方を常に追求し，経済・社会的環境変化に迅速に対応していかなければならない（Porter, 1990：137-140）．

　たとえばトヨタは，日本経済が落ち込む中，創業以来の最高益をあげている（2005年現在）．「かんばん方式」の生みの親である大野耐一が全社的な取り組みに育てあげた「カイゼン活動」は，伝統的に経営のあらゆる現場で飛躍的な目標を掲げてきた．小手先の改善は決して許さないとし，従業員の挑戦意欲を引き出してきたのである（若松・近藤，2001：137-140）．

改善と称してはいるが,普通の企業からみれば技術革新といえる取り組みを常に行っているところに,持続的発展を可能とする競争優位がある.つまり,ベンチャービジネスの場合でも,新しい事業を創造して,それを持続的に発展させていくためには,製品やサービス,生産方法,販路,物流などに関して,飛躍的な目標や新しい基準を常に掲げ,その実現に向けて経営努力を重ねることが必要となる.言い換えれば,革新的な活動を継続できる組織を作らなければならないのである.ベンチャービジネスの企業家は,常により高い目標の実現のために,全従業員を牽引する先導役になる必要があるといえる.

演・習・問・題

問1 地域経済発展に果たすベンチャービジネスの機能と役割について論じなさい.
問2 インターネットビジネスにおけるベンチャービジネスの経営特性について論じなさい.
問3 ITベンチャービジネスの限界について論じなさい.

参考文献

Harrison, B. (1992) Industrial Districts : Old Wine in New Bottles?, *Regional Studies*, 26 Number 5, Journal of Regional Studies Association.

Malecki, E. J. and S. L. Bradbury (1992) R&D facilities and Professional Labour : Labour Force Dynamics in High Technology, *Regional Studies*, 26 Number 2, Journal of Regional Studies Association.

Marshall, A. (1961) *Principles of Economics,* 9th ed., Macmillan and Co. Limited.

Porter, M. E. (1990) *The Competitive Advantage of Nations*, The Free Press.

西出徹雄 (1996)『アメリカにみる産学コミュニティーニュービジネスの源泉』日本貿易振興会

百瀬恵夫編著 (2000)『中小企業論新講』白桃書房

若松義人・近藤哲夫 (2001)『トヨタ式人間力』ダイヤモンド社

《推薦図書》

1. Brown, J. S. and P. Duguid (2000) *The Social Life of Information*, Harvard Business School Press. (宮本喜一訳『なぜITは社会を変えないのか』日本経済新聞社, 2002年)

    情報とは社会に根ざしたものであるとの前提で, IT と社会・経済の全体との関連を明示.

2. 松井憲一 (2004)『金融のプロが見たベンチャービジネス「成功と失敗」の分岐点』ダイヤモンド社

    豊富な事例に基づいて, 最近のベンチャービジネスの経営戦略を解説.

3. 西村晃・八田真美子 (1999)『「シブヤ系」経済学―この街からベンチャービジネスが生まれる理由』PHP 研究所

    ネット系ベンチャーをはじめとするニュービジネスの実情を紹介.

4. 児玉博 (2005)『幻想曲孫正義とソフトバンクの過去・今・未来』日経 BP 社

    IT ベンチャービジネスの経営者像や経営実態と歴史を紹介.

5. MacGrath, M. E. (2000) *Product Strategy for High-Technology Companies*, McGraw-Hill Published. (菅正雄, 伊藤武志訳『プロダクトストラテジー:最強最速の製品戦略』日経 BP 社, 2005年)

    IT 関連のグローバル・ハイテク企業の成功戦略を明示.

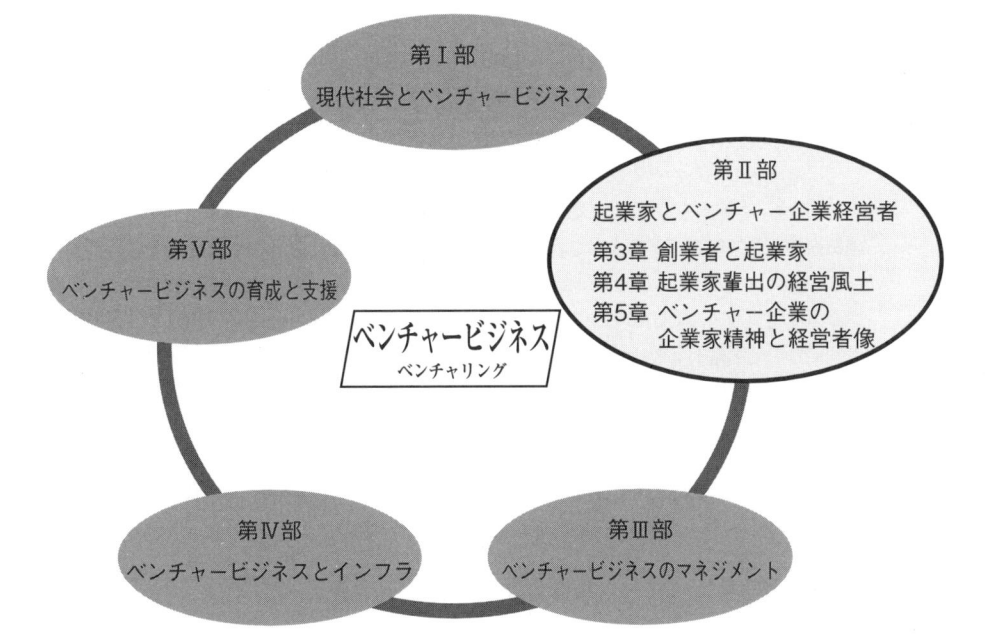

第Ⅱ部
起業家とベンチャー企業経営者

- 第Ⅰ部 現代社会とベンチャービジネス
- 第Ⅱ部 起業家とベンチャー企業経営者
  - 第3章 創業者と起業家
  - 第4章 起業家輩出の経営風土
  - 第5章 ベンチャー企業の企業家精神と経営者像
- 第Ⅲ部 ベンチャービジネスのマネジメント
- 第Ⅳ部 ベンチャービジネスとインフラ
- 第Ⅴ部 ベンチャービジネスの育成と支援

ベンチャービジネス
ベンチャリング

第3章の要約

　わが国の会社数はおおよそ160万社である．このうち，ほとんどが中小企業で占められている．ベンチャービジネスはそのうちのごく一部である．しかし，このベンチャービジネスは，今，大いに注目されている．わが国経済が長期の停滞を脱出して力強く前進・発展するには，ベンチャー型企業の活躍なくしてはならない．ところが，ベンチャーという言葉は，誰もが耳にし，使っているにもかかわらず，必ずしも実態が明確ではない．その存在は，誰がみても明らかでよく感じることができるのに，その輪郭はぼやけていてとらえどころがない，そんな存在である．

　ベンチャービジネスの経営者を語るとき，まず，輪郭がぼやけてみえるベンチャービジネスとは何なのか，明確にしておく必要がある．それは，これからみていくように，企業と経営者という関係が，他の一般的な企業の場合と違って，ベンチャービジネスの場合はきわめて密接な関係にあるからである．

　1．では，ベンチャービジネスがスタートする段階を念頭において，ベンチャー型企業の創業者である起業家がどのような動機からベンチャーを立ち上げるのかを考察する．

　2．では，ベンチャー型企業の創業者である起業家は，ベンチャー企業の経営者としてどのような特質をもっているのかを検討する．あわせて，ベンチャー企業が社会から退場する場面についても触れることになる．

第3章　創業者と起業家

1. ベンチャー企業と創業者

(1) わが国のベンチャー企業と経営者

　ベンチャービジネスの本質は，シュンペーター（Schumpeter, J. A.）のいう「革新性（イノベーション）」による新規事業の創出と，それによる社会進歩へ貢献する企業であって，起業家精神を持続的に発揮する経営者がリーダーシップをとって進化しつづける企業，ということができよう．わが国には，このようなベンチャービジネスの本質をもっているベンチャー企業が，現在，どれぐらい存在するのであろうか．また，ベンチャーの本質を体現するような経営者は，どれぐらいの人数いるのであろうか．以下，その概略をみることとする．

(2) ベンチャー企業数

　ベンチャービジネスの定義が，論者によって異なるため，その対象としてみる企業数についても，これが正しいという確固たる数字はない．それだけに，わが国にベンチャーがどれくらいあるかについても，論者によって異なり，また各種研究・諸機関等によって定義づけを独自で行い，その結果，でてくる数字は異なることとなる．

　しかしながら，まったく企業数がつかめないまま，ベンチャー企業ならびにその経営者について検討するわけにもいかない．ここでは，『日経ベンチャービジネス年鑑』の数字を例示することにする．同年鑑2004年版の掲載数は2,319社となっている．日本経済新聞社が最近，新鋭注目企業として新聞，雑誌，書籍で取り上げたことのある企業（非上場，非店頭公開）を中心に，①独自の技術，ノウハウをもっている，②ここ数年の成長率が高い，③会社設立後比較的若い企業，もしくは社歴が古くても，最近，業種転換した企業などを基準として選定したので，業績や資本金，従業員規模など画一的な基準は設けていない，というものである．

(3) ベンチャービジネスの比重

わが国の会社数は，2001年の統計調査によれば，160万7,810社ある．うち，中小企業が159万5,493社である．ベンチャービジネスが全体に占める割合は，この約160万社に対し，どれくらいあるだろうか．『日経ベンチャービジネス年鑑』に掲載されているベンチャー企業数は2004年で2,319社である．この数字は，約160万社に対して，0.14％台となり，きわめて小さい割合となっている．

なお，事業所数や会社数の統計調査によると，1980年代以降，開業率は低下・低迷傾向で推移を続けている．そして，廃業率が開業率を逆転したことから，これが経済の活力をあらわす指標のひとつであるので，大いに注目され危惧されているのである．2005年版の『中小企業白書』によれば，この原因の多くは個人企業の開業率の低迷によるところが大きいようである．このことは，必ずしもベンチャー企業の開業，廃業の数字とリンクするものではないが，個人企業の開業は，ベンチャー型企業の起業マインドの底流となっているともいえることなので，見過ごすわけにはいかないのである．

このような逼塞状況にあって，企業数としては小さい割合であっても，ベンチャー型企業に対する期待は大きい．ベンチャービジネスは，独自の経営ノウハウに基づいて，既存の企業では満たしえない新しい需要を開発し，新しい需要機会を創造するものである．イノベーションを積極的に推進するベンチャー型企業が多数出現し，経済活性化に寄与することが，期待されるのである．

(4) 創業者と起業家

わが国の会社設立登記数は，おおよそ年間10万件である．毎年，10万人が新会社を立ち上げているのである．このうち，大企業が会社分割をすることによって新規設立する会社のように，会社設立時点ですでに大企業である新会社もあろうが，大部分の新会社は中小企業である．このうち，何件がベンチャー企業であり，何人がベンチャー企業を経営する起業家であろうか．

現代は，消費者ニーズの多様化，個性化，産業分野の拡大に伴う産業ニーズの多様化が進展している．これによって生じた多品種少量生産への対応や，顧客ニーズを的確にとらえ，きめ細かな対応をするには，既存の大企業よりも，客に密着したクリエイティブな活動を展開することができるベンチャービジネスのほうが適している．このような時代の潮流を受けて，新規設立する企業の中で，ベンチャービジネスの割合が，以前に比べて増加しているといえよう．

このような状況から，およそ10万件の新設会社のうち，0.2%がベンチャー型企業だと仮定すると，約200社のベンチャービジネスが生まれているとみすことができる．すなわち，約200人の起業家が誕生しているのである．

(5) 創業のタイプ

どのような形で会社を創業しているのであろうか．タイプ別に区分けすると，次のとおりである．

① 独自型（他社での経験がなく，独自に創業する）
② スピンオフ型（既存企業を退職して創業する）
③ のれん分け型（既存企業との関係を保ちつつ独立して創業する）
④ 分社型（既存企業の影響下で分社または関連会社として創業する）

このうち，ベンチャービジネスを創業するタイプは，①あるいは②が多い．なお，分社型のタイプであっても，分社によって新規事業を手がける場合は，ベンチャー企業の範疇に入るものもある．

(6) 創業の動機

また，経営者はどのような動機で創業しているのであろうか．中小企業庁の「創業環境に関する実態調査」アンケートによって，創業者の動機が明らかになっている（中小企業庁編，2002）．アンケートの回答の中で回答率の高いものから挙げると，①自分の裁量で仕事がしたい，②自己実現を図りたい，③専門的な技術・知識を活かしたい，④社会貢献をしたい，⑤より高い所得を得

たい，⑥アイデアを事業化したい，⑦事前の勤め先の見通しが暗い，⑧年齢に関係なく働きたい，等となっている．

これがベンチャービジネスの起業家の場合はどうであろうか．①生きがいのある仕事をするため，②業種・業態の将来性に期待，③自分で事業経営をしてみたい，④未開拓の分野で独自の技術開発を実現したい，⑤自分の技術力を発揮したい，⑥自分の営業力を発揮したい，⑦新技術の製品化をしたい，等々が上位になっている．この動機からみても，ベンチャー企業の経営者がより強い革新への意欲をもちあわせていることがうかがえる．

2. 起業家

(1) 起業家の特性

会社を開業する人を創業者という．わが国では，毎年，約10万人が会社を創業し，創業者となっている．しかし，この人たちすべてを起業家とよぶわけではない．のれん分けをしてもらった寿司屋さんとかそば屋さん，あるいは，会社を定年退職して喫茶店や学習塾をはじめた人たちは，新しく会社を起こしたときに大きな夢をもっているだろうし，また新会社を経営していくときにそれなりのリスクを抱えていることであろう．しかし，このような人たちを「起業家」とはよばない．「起業家」とは，ベンチャービジネスの本質である革新性をもった企業を起こした人のことをいうのである．

(2) アントレプレナーシップ

ベンチャービジネスを創業する人を起業家（アントレプレナー：entrepreneur）という．この起業家にとっては，ベンチャービジネスのビジョンを描き，情熱をもってそのビジョンを説き，起業にかかわる多くの人たちを巻き込んで，そのビジョンを具体化していく気概とリーダーシップが必要である．この起業家精神をアントレプレナーシップという．

起業家教育部門では全米ナンバーワンのバブソン・カレッジの看板教授であ

り，自ら起業家でもあるティモンズ（Timmons, J. A.）によれば，アントレプレナーシップとは，「実際に何もないところから価値を創造する過程である．言い換えれば，起業機会を創り出すか，適切にとらえ，資源の有無のいかんにかかわらずこれを追求するプロセスである」（Timmons, 邦訳, 1997：10）のである．

(3) 起業家の資質

　ベンチャー型企業の経営者は，このアントレプレナーシップをもっていることが大切であり，このことが，起業が成功するか否かの重要な鍵となる．言い換えれば，リスクに果敢に挑戦し，ニーズを先取りし，高感度・高感性，ハングリー精神旺盛な経営者魂をもつ人物かどうかである．彼の達成欲求の強さが，多少のリスクを負ってでも挑戦を続けようとするアントレプレナーシップの根底となる．家族関係や職場，宗教などから派生する環境因子も，起業家にとってベンチャーに成功するかどうかの大切なものではあるが，目標を達成しようとする強い意欲や野心といった気質がアントレプレナーの行動に深く関与しているといえる．

　ベンチャービジネスを創業する経営者としての起業家は，このことから，つぎの5つの要素についての資質を備えていることが必要である．すなわち，

① 存在するリスクをギリギリまで計算したうえでの高い目標の設定
② 目標に対する挑戦意欲の強さ
③ 成長する市場を見極める先見力と感性
④ 提供する製品やサービスの独創的アイデア
⑤ 自主独立意識と社会性・国際性認識の強さ

(4) 起業家と企業家

　ベンチャー企業の経営者として，新しい事業を起こす人を「起業家」というが，その人たちに加えて，中小企業に限らず大企業を含めて，既存企業の中で，

新しい技術あるいは製品開発，製造方法，マーケティングなどの新機軸を導入し，既存の事業のリニューアルあるいは再構築を行う人を，「企業家」とよぶと理解しやすいと思われる．一般的に企業家というと，企業に資本を出し，その企業を経営する人のことを指すが，ここでは，企業家の中でも新規性に目をむけて取り組んでいる企業の経営者を「企業家」として，一般の企業の経営者と区別することとする．

(5) ビジネス社会からの退場

　ベンチャービジネスは，起業家の努力にもかかわらず，失敗し倒産に追い込まれることも少なくない．いかにベンチャービジネスを育成するかについては，その育成・成長がわが国の経済の活性化に直結することだけに，国をあげて取り組んでいかなければならない．

　アントレプレナーシップのプロセスで起こるベンチャーの消滅は，シュンペーターのいうところの「創造的破壊」の一部であって，消滅自体は，自由経済におけるイノベーションと経済的再建のダイナミックス，すなわち，生と死を要するプロセスの一部である，と喝破する見方もある．起業があれば倒産もあることが，ベンチャーとしての宿命とはいえ，失敗も視野に入れてベンチャービジネスをみることが必要である．

　ここで，ベンチャービジネスの倒産件数について，みてみよう．すでにみたように，ベンチャービジネスについての定義がないために，倒産件数についても明確な数字がない．ここでは，帝国データバンクが行っている2004年の「ベンチャー企業倒産動向調査」によることとする．この調査によると，2003年の1年間で89件の倒産がある．この調査では，ベンチャー企業のメルクマールとして，①他にはない独自の技術・ビジネスモデルを確立している企業，②株式公開を計画している企業，③経済産業省・地方自治体などから指定ベンチャーの認定を受けている企業，④ベンチャー投資機関から出資を受けている企業，の4項目に合致する企業を抽出した結果である．

演・習・問・題

問1　情報，流通，製造の各産業からベンチャー型企業を1社ずつ選びベンチャーとしての特徴を述べなさい．

問2　1970年代，1980年代，1990年代に起業したベンチャー型企業3社を抽出し，どこに革新性があるのか述べなさい．

問3　起業家3人を挙げて，アントレプレナーシップの特性を述べなさい．

参考文献

Timons, Jeffry, A. (1994) *New Venture Creation*, 4th ed., Richard D. Irwin, Inc.（千本倖生ほか訳『ベンチャー創造の理論と戦略』ダイヤモンド社，1997年）

中小企業庁編（2002）『中小企業白書　2002年版』ぎょうせい

越出均（2005）『起業モデル―アントレプレナーの学習』創成社

松田修一（1997）『起業論』日本経済新聞社

百瀬恵夫・森下正（1997）『ベンチャー型企業の経営者像』中央経済社

柳孝一（2004）『ベンチャー経営論』日本経済新聞社

《推薦図書》

1. 清成忠男・中村秀一郎・平尾光司（1971）『ベンチャー・ビジネス』日本経済新聞社
   ベンチャー・ビジネス論の古典．

2. 百瀬恵夫・森下正（1997）『ベンチャー型企業の経営者像』中央経済社
   ベンチャー型企業と経営者についての実態調査分析．

3. 松田修一（1997）『起業論』日本経済新聞社
   アントレプレナー輩出を待望する書．

4. 柳孝一（2004）『ベンチャー経営論』日本経済新聞社
   500を超えるケースを基にマネジメント論を展開，創造的破壊の構造を解説．

第4章の要約

　ベンチャー型企業の経営者である起業家は，高い志と企業家精神をもって革新性に富んだ新規事業を立ち上げていく．この起業家にとって求められる資質というものは，一般的な中小企業の経営者やサラリーマンとは大きく異なるものである．この資質は個人のもって生まれた素質もさることながら，起業家を育んだ家庭，地域社会，学校，会社等の環境に大きくかかわっているのである．これが，彼を取り巻く風土である．

　1. では，この風土がアメリカとわが国とではどのように違うのか，起業家を輩出する環境というものに焦点をあて，そして，アメリカとの対比によって浮かび上がってくる問題点，すなわち，わが国において，起業家の輩出を妨げているような環境を検討する．

　2. では，起業家が育まれる環境について考察する．まず，家庭環境であるが，これは起業家の，心の奥底の情動に作用する重要な部分である．起業家の輩出は，その育った地域にも大きく関係する．また，学校教育や就職した先の会社によっても起業家が育まれるのである．

　3. では，わが国のベンチャー型企業が活発に出現してこなかったという問題意識を踏まえて，起業家を育むうえで家庭環境をはじめとするそれぞれの環境が，どういう状況にあって今後どう変わる必要があるのかについて概観する．

第4章　起業家輩出の経営風土

I.　起業家と経営風土とのかかわり

(1) 経営風土

　経営風土とは，一口でいえば企業の置かれた環境である．この環境は，単に経済環境ばかりではない．地理的・文化的・法的などあらゆる側面を含むのである．企業活動は，もちろん，その企業の取締役会で決定され，実行されるのであるが，その意思決定は環境から自由であるわけにはいかない．企業の行動様式を解明しようとするとき，経営風土，すなわちその企業が置かれているさまざまな環境を検討することが必要である．

　ここでは，ベンチャービジネスの起業家にとって，経営風土とのかかわり合いがどのようなものであるか，について検討する．

(2) 日本とアメリカの風土の違い

　まず，ベンチャービジネスの本場アメリカと，日本の風土の違いについてみることとする．

　アメリカは多民族国家であり，独創性のある者は起業するのが当たり前という文化である．自分で会社をもちたい，自分で企業を起こしたいという起業家志望が多く，起業家精神が旺盛である．創業する企業数について，アメリカと日本とを比較すると，アメリカでは会社の設立件数（いわゆる自営業を含む）は，年間60万～75万件といわれている．それに対して日本では，人口がアメリカの約半分であるにもかかわらず，これが第3章でみたように，約10万件にすぎない．

　アメリカのベンチャー企業が活発になってきた時期は1980年代である．その前の1960年代と70年代についていえば，大学の卒業生の4分の1は，アメリカの大企業500社に就職していた状況であった．それが1990年代後半になると，これが14分の1に激減しており，その分，ベンチャー企業に流入した

と考えられる．また，アメリカでは，高学歴ほど起業家の志望が強い．これは大学の動きとも相まっている．アメリカの1,000以上の大学では，起業家活動に関するコースを教えている．これに対してわが国では，1994年，平成のバブル崩壊後3年目から始まった，いわゆる第3次ベンチャーブームの頃から，大学でやっと起業教育が始まったのである．

　日本のジャスダック，アメリカのナスダックという共にベンチャー企業が多くを占めている店頭登録市場をみてみよう．日米では業種の分類方法が異なるので単純な比較はできないが，両国の店頭登録企業を業種別で比較すると，上位10業種の構成が日米で大きく異なるのである．アメリカでは，多い順に，① ソフトウエア，② 電子部品，③ ビジネスサービス，④ 卸売業，⑤ 情報通信という順番であるのに対し，日本では，① 卸売業，② サービス業，③ 小売業，④ 化学，⑤ 建設業という順番である．

　アメリカの上位10業種には，21世紀経済の牽引車となるようなソフトウェア，電子部品，コンピュータ，通信機器，情報通信といったハイテク産業が入っているのに対して，日本ではハイテク産業に属する業種は，サービス業の一部と電気機器がこれにあたる程度である．

　この相違は，日米の経済的・社会的な経営風土の違いからでてきたものであるといってよい．アメリカには，将来の成長分野に積極的に挑戦するインテリジェンスの高い高学歴起業家が多く，博士号をもった起業家も数多い．日本と比較して大学および大学院教育の質と量とが異なる結果といえる．こういう背景からか，健康・医療サービスに代表されるような新規事業が次つぎと生まれている．

　一方，日本では，官民規制や民民規制により新産業を起こす自由度が少ないことが大きい．それと同時に，新製品や新サービスを受け入れる土壌がない．また，ベンチャー企業のスタートアップ期から積極的に投資するエンジェル（個人投資家）やベンチャーキャピタルが少なく，ハイリスク・ハイリターン型投資を回避してきた．とくに成功確率がきわめて低いバイオ開発等は日本で

はなじみにくい．日本では，横並びや同質性を好み，よい大学から大会社に入ることが世間的よい人生だと考えられていたので，ベンチャーのような成長領域に優秀な人材が流れることが少なかった結果だといえるだろう．

(3) ベンチャー型企業の起業家輩出を阻む風土

　日本は，戦後の荒廃から立ち上がり，大企業中心の企業文化・社会環境のもとで経済発展を遂げてきた．この大企業中心の文化や社会環境が，起業家輩出には大きな障害になってきていると考えられる．これまでは，優秀な人材は大学卒業後，大企業に就職するのが当然と本人も考え，親もそのように期待していたのである．その結果，優秀な人材は，数のうえでは圧倒的に大企業に偏在することになり，ベンチャービジネスを始めようとする優秀な人材は，量的に圧倒的に少なかったのである．

　また，ベンチャービジネスを支援する環境が必ずしも整っていないことから，起業リスクが高くなり，その結果，ベンチャーを始めようとする優秀な人材がますます少なくなるという悪循環が生まれていた．

　アメリカでは，ビル・ゲイツやマイケル・デルのように，名門大学を中退してまで起業する学生も多い．失敗しても単に時間を失っただけで，大学にまた復学できるからであって，大きなビジネスチャンスの前では，中退をリスクととらえることなく決断できる土壌がある．また，アメリカは失敗者に対して世界でもっとも寛容な国である．この点でも起業を決断するリスクは低くなる．それに引き換え，わが国では，大学卒業，新卒入社，年功序列，終身雇用が企業文化であり社会風土となっている．この風土の中で大学を中退するとか，就職先を辞めることは，経済的・社会的な損失が大きく，よほどのことがない限り，順調な軌道に復帰することは難しいのである．

2. 経営者にとっての風土

(1) 家庭環境

　ベンチャービジネスの起業家は，リスクに果敢に挑戦し，ニーズを先取りし，高感度・高感性，ハングリー精神旺盛な経営者魂をもつアントレプレナーシップ豊かな人物である．このような起業家の特性はどこから育まれるものであろうか．その人自身の，生まれながらにしてもっている素質によるとの見方もあるが，素質だけが決定要因ではない．その起業家の生まれ育った家庭とか，地域あるいは文化といった環境がアントレプレナーの出現に深くかかわっているということができる．「三つ子の魂百まで」ということわざがあるように，生まれ育った家庭や地域の環境は，将来の起業家の自立意識や起業意識に潜在的に大きな影響を与えており，アントレプレナーシップを醸成する要因となっているのである．

　起業家にとって家庭環境の影響が大きいことは，自活型（企業経営者や自営業者）の家庭から起業家を輩出する確立がきわめて高いことからも，明らかである．企業経営者や自営業という自活型の職業をもつ親から，起業家の半分（情報・ソフトウェア業については6割）が生まれているという調査結果がある．世の中で自活型の労働人口の割合が50％あるわけではないので，この比率は非常に高い数字である．家庭で，ビジネスに関する日々の親の行動様式を目の当たりにし，会話を聞きながら育ち，潜在的な起業意識を育んでいった子どもが起業する確率は高いのである．

(2) 地域環境

　近江商人・堺商人・富山の薬売りなど，以前より，一定の地域から多くの財界人が生み出されてきたのは，その地域が起業家を育成する風土があったからである．

　子どもの頃から，隣のおじさんが事業に失敗したとか，近所の誰々さんとこ

ろの息子は事業に成功して羽振りがよくなっているとか，茶飲みばなしの中で大人の会話を聞いていると，事業を起こすこと自体を，また起業の中で抱えるリスクなどを，身近なこととしてとらえることができるのである．そして，起業の楽しさ・ロマンもまた身近に感じるのである．このような環境の中で，当然，起業に対する憧れが醸成されることとなる．

また郷土の先輩としての起業家は，後輩の起業家予備群を支援育成し，メンター（起業アドバイザー）やエンジェル（個人的資金提供者）としての役割を果たしたことも大きかったと思われる．先輩としての彼らが，ベンチャー企業のインキュベーターの役割を担ってきたといえる．

ベンチャー企業の本社所在地を調べた調査によれば，首都圏，近畿圏，中京圏にベンチャー企業が多く集まっていることがわかる．これらの都市圏はもともと企業数が多い地域であるが，ベンチャー企業にとっても大切なもの，すなわち，地理的空間に直接的な生産者，労働力，金融資本，情報など，物的・社会的インフラストラクチュアが集中し集積され整備されている地域である．このことは物的・社会的インフラストラクチュアがあまり集中・集積していない地域に立地している企業と比較すると，生産コスト，営業コスト，人材採用コスト，情報収集コストなどさまざまなコストが削減できるのである．これら3大都市圏のほかでは，長野県と静岡県にベンチャー型企業が多いのが目に付く．

長野県は，日本の屋根とよばれるほど急峻な山々に囲まれた内陸の山国で，千曲川，信濃川，木曽川，天竜川等の河川流域に肥沃な盆地を発達させてきた．このような自然環境の中で育った長野県民には，信州人気質とでもいうような，共通した気風あるいは性格がある．何事にも新しいことには飛びついていく進取な気性，寡黙にして実行するというより理屈好きで理想家肌，孤高を潔しとする独立不羈な精神などをもつといわれている．また，郷土意識が強く，協調的な人間関係を好むと同時に，人間の能力差を認めない気持ちが強い．そして，現世利益的な信仰心をもつ人がやや多く，現実的な生活意識をもって

いるといえる．起業家にとって必要な克己，忍耐，修養といった精神主義がこのような自然に囲まれたこの地で育ったといえる．

　静岡県は，比較的温暖な気候に恵まれた地域である．一方で，火山爆発，大地震，津波，台風による風水害などがあり，厳しい自然環境でもある．歴史的・地理的には，古くから交通の要衝であって，関東と関西の間で繰り広げられた政治的・経済的な権力争いの戦場となることが多い地域であった．こうした自然と歴史的背景によって，静岡県民は見知らぬ人に開放的な性格をもつ一方，近所の人や親戚にはあまり信頼感をもたない．つまり，人に頼る気持ちが少なく，社会に対して個人主義的な姿勢をとる人が多いといわれている．また伝統主義的な考え方にも批判的である．浜松地域は，「やらまいか」という言葉に代表されるように，進取の気質をもつ人が多い．この浜松地域は，本田技研工業，河合楽器製作所，浜松ホトニクスを輩出した地域である．清水港などを通じて戦前から海外貿易の実績があり，進取の気性に富んだ地域であった．

　このように両県がもつ経営風土が，ベンチャー型企業の経営者にとって必要な資質を育んでいると考えられるのである．また，個人主義的傾向，伝統主義への批判，現世利益主義などは，新しいものの創造にとって必要な基本条件を提供しているのである．つまり，集積の経済が小さくても，地域の風土がベンチャー型企業の経営者を育成し，結果的に多くのベンチャー型企業が誕生する土壌になるのである．

　アメリカのシリコンバレーのケースをみてみよう．ここでは，県民性というような風土論ではないが，地域内の繋がり―ネットワークによって，ベンチャー型企業が発生し，競争しつつ成長し，産業の総体を形成している．そしてスパイラルのように，各ベンチャー型企業がより細かく専門化がすすみ，またそこから，ネットワーク化されて活用されることを通じて，産業の各部分に特化して専門化したベンチャー型企業の競争力が一層強化されるという循環になっている．やがて，事業に成功したベンチャーの起業家たちは，次世代のベンチャー型企業に創業資金と経営のノウハウを供給する「エンジェル」のグ

ループを形成するのである．そして，起業家精神にあふれた地域の風土を形成しているのである．

(3) 教育環境

　起業家を輩出する風土として，家庭や地域に劣らず大切なのは学校教育である．「三つ子の魂百まで」の幼児教育が人間の情動の奥底に働きかけるのに対し，学校での教育は大脳新皮質に働きかけるものであり，この両方がバランスよく人に影響を与えることによって，起業家として必要な特性が育まれるのである．

　しかし，わが国の初等，中等教育は，起業家教育の場としては，残念ながら，従来ほとんど役割を果たしてこなかったといってよい．競争意識を煽らないように，そしてなるべく平等という教育理念が戦後の義務教育の主流となってきた．ましてやその義務教育の現場に，金銭感覚を持ち込むことに対する抵抗感は，学校側も父母の側も強く，ビジネス教育を容認する気運は一部の地域を除いてなかった，といってもよいだろう．

　大学では，ここにきてアントレプレナーのための起業支援プログラムを整備しはじめたところである．

(4) 企業環境

　起業家にとって直接的に起業の役に立つのは，前職の勤務経験である．ちょっとした内的・外的刺激が加わり，自己の夢の実現が社内では無理だと判断したとたんに，起業スキルの高まっている起業家予備群は，会社を飛び出して起業家に変身するのである．調査によれば，ベンチャー企業の起業家のうち，8割（情報・ソフトウェア業では9割）は転職経験者である．企業内で起業を育む風土が整備されていれば，起業数も事業の成功率ももっと伸びるものと思われる．

　社内ベンチャーの制度は，その意味で役職者や従業員が起業家として羽ばた

く上で大きな役割を果たすものである．社内ベンチャーとは，企業が新規事業を開拓するためのひとつの手段であるが，そのもっとも顕著な特徴は，新規事業のアイデアを創出し，それを実現させることが一般の従業員に委ねられているということである．社内ベンチャーは，そのような戦略的行為を従業員の主体的な活動に依存するものであり，その中心となって社内ベンチャーを遂行していく従業員が，いわゆる社内企業家（intrepreneur）である．志と技術力の高い起業家で，大企業の社内プロジェクト経験者は多い．

3. 起業家を輩出する風土に向けて

（1）家庭環境

　井深大はベンチャー企業ソニーの創始者であるが，ソニーを離れた後も，幼児教育に熱心に取り組んだことでも有名である．起業家精神の醸成にも影響するであろう「三つ子の魂」を，井深がどれほど重要に思っていたかをうかがい知ることができよう．

　戦後，わが国の家庭状況は大きく変容した．家庭は核家族化し，父親の多くはサラリーマンとなり，戦後の復興期から経済の高度成長期，そしてバブル崩壊による景気低迷の今日まで，企業戦士といわれるように夜遅くまでオフィスで働き，家庭での子どもの教育は母親任せ，という状況が続いてきた．この結果，このような家庭に育った子どもは，父親がどのような仕事をしているのか，仕事をしていて骨が折れることは何なのか，仕事の何が楽しみなのか，というようなことについて深く考える機縁もないまま成長することとなった．父親が働くそのうしろ姿をみて育つ，という環境がなくなってしまったのである．

　前節でも述べたように，ベンチャー企業の起業家の親は，半数が自活型の職業で占められてる．いかに家庭での勤労観の醸成が大切かということである．家庭において，社会と子どもの接点で仕事について教えられる親がいて，夢を実現することの大切さ，すなわちアントレプレナーシップの真髄を子どもに語れることが大切なのである．

(2) 学校での起業教育

　高校なり大学を卒業した若年労働者のうち正社員になりたくない人，いわゆるフリーターが全国で200万人を大きく越える時代である．このような状況を憂慮して，文部科学省としても，ようやく，キャリア教育，経済教育に力を入れはじめた．最近では中学生に職場体験学習を経験させ，勤労観・職業観の涵養に力を入れるようになり，一部の地域では，中学2年生全員を職場体験で近隣の企業に数日間行かせ，社会人と一緒にいて，職場とはどんなものかを学ばせる試みをはじめている．家庭での教育とあわせて，学校でのこのような取り組みが定着すれば，子どもの起業家精神の高揚に役立つものとなるだろう．

　一歩進んで起業家教育については，まだこれからという段階であるが，起業家教育は生きる力，自分で考えて自分で行動する力，間違いから正解を導き出す力を習得させる教育であるので，起業家を目指す子どもはもとより，どんな職業の人にも必要な創造性教育なのである．

　高等教育の場においても起業教育の充実が始まった．大学院では，社会人学生を対象にした実践的なベンチャービジネス・コースに力を注ぎ，経済学部や経営学部の大学授業においても，起業支援プログラムの関連科目の開講や事業創造をテーマにした学科開設が行われるようになってきた．具体的な起業のケースにかんする講義や起業家からの直接的な講義，あるいは起業の疑似体験をすることによって，多くの学生が，リスクもあるが充実した自己実現の人生を歩める起業の楽しさを理解することができるようになってきた．また，一般学生向けに就業体験（インターンシップ）を実施する大学が増えている．起業家を輩出する風土はようやく整い始めたといえるが，これに大学発ベンチャーが輩出されてくれば，アメリカのパターンに近づくことが考えられる．

(3) 企業での取り組み

　企業は，社内に起業家精神旺盛な従業員を養成し，新規分野での事業展開に活力をつけたいと考えている．また，新規事業を展開しないことには，企業間

の競争に負けてしまう．そのために社内ベンチャー制度を導入する企業は多くなってきた．このことは，独立型の起業を行おうとする起業家予備群にとっても，前職で社内ベンチャーを経験することは大いに役立つことなので，起業家輩出のよい風土となるのである．

　社内ベンチャー制度は，新規事業進出のため，従業員に責任感を植え付けるためにと，企業が導入したものである．従業員が企業家精神を発揮することによって企業の活性化を図り，結果として，既存事業とは異なる分野への進出を実現しようという意図である．ただ，新規事業のアイデアさえもっていれば誰でもベンチャー活動を行えるわけではなく，新規事業の将来的な可能性を判断するための人物や機関によって厳格な審査がなされ，それをパスして初めて社内ベンチャー活動の遂行が認められることになる．社内企業家の候補者間の競争が存在するのである．

　社内ベンチャーは，それが従業員たちの間で単なる「変人による変わった活動」と認識されるようでは，制度導入の本来的な目的を達成することはできない．社内ベンチャー制度を全社的に浸透させること，ならびに各従業員が自分自身の問題として認識することが，制度をよく機能するために必要である．いくら従業員が起業家としてのパーソナリティを保有しても，所属する会社が起業を積極的に評価し，支援するような風土（社風）にならなければ，起業という行為は選択されにくくなる．

(4) 地域社会での取り組み

　サムコの辻理は，堀場製作所の堀場雅夫や京セラの稲盛和夫らとともに「京都ベンチャー目利き委員会」のメンバーのひとりとして，京都地域のベンチャー型企業の支援を行っている．これは，シリコンバレーにみられるような起業家輩出のスパイラルと同じように，ベンチャー型企業の起業家を再生産するシステムといえる．

　ユニークな例では，市民バンクの片岡勝が，いくつかの大学をかけもちでベ

ンチャーにかんする講義を行っている．「片岡起業塾」と命名されるほど，実際に起業した学生を輩出することで有名である．全国でも珍しく，学生にベンチャーを起こさせるための教育に徹しているのである．

大企業からスピンアウトした博士課程卒業程度のエリート・エンジニアたちが，小さくともわが国の経済の活性化に貢献するような強力なベンチャー起業を起こし，若いエンジニアや学生たちがそれに続き，大企業ルールに縛られない自由闊達でやりがいのある仕事をし，数年後にはその若者たち自身がスピンアウトして，新たなベンチャーを起こすという好循環システム，これが起業家輩出の土壌として期待されるのである．そして，起業家を包み込む文化や環境，起業家精神を刺激する周囲の環境，たとえばインキュベーターやリサーチ・パークなどを並行的に充実させていくことが大切となるのである．

演・習・問・題

問1 情報・サービス・製造の3分野について，日米のベンチャー型企業から各1社を選び，日米の起業家の生い立ちを比較しなさい．

問2 自身の出身地について，起業家を輩出している地域なのかどうかを確認し，なぜ輩出が多いか（あるいは少ないか）を分析しなさい．

問3 大企業の中でベンチャー型企業の起業家を輩出している企業1社を抽出し，どのような企業風土があるのかを考察しなさい．

参考文献

Mason, H. and T. Rohner (2002) *The Venture Imperative: a new model for corporate innovation*, Harvard Business School Press.（山田幸三ほか訳『ベンチャービジネスオフィスVBO』生産性出版，2004年）

西出徹雄（1996）『アメリカに見る産学コミュニティ・ニュービジネス創造の源泉』日本貿易振興会

高橋徳行（2005）『起業学の基礎アントレプレナーシップとは何か』勁草書房

高崎経済大学編（2002）『ベンチャー型社会の到来』日本経済評論社

米川伸一（1978）『ヨーロッパ・アメリカ・日本の経営風土』有斐閣

―――《推薦図書》―――

1. 百瀬恵夫・森下正（1997）『ベンチャー型企業の経営者像』中央経済社
   ベンチャー型企業経営者を育んだ地域風土について分析．
2. 松田修一『起業論』日本経済新聞社
   ベンチャービジネスとその起業家について背景となる風土を考察．
3. 土井教之・西田稔（2002）『ベンチャービジネスと起業家教育』御茶の水書房
   企業家活動の教育・訓練という視点からベンチャービジネスを解説．
4. 野中郁次郎（2002）『イノベーションとベンチャー企業』八千代出版
   イノベーションのマネジメントについて体系的に扱う．
5. 越出均（2005）『起業モデル』創成社
   起業家がいかに企業を発展させるかをその学習を中心に平易に問題提起．

第5章の要約

　ベンチャー型企業の経営者は，どのような人物なのであろうか．

　1. では，ベンチャー型企業の経営者である起業家が，どのような特質を備えていなければならないかについて確認したあと，ベンチャー型企業の外側にいて一定の距離をおきながら，企業とその経営者である起業家をみている公認会計士が，その豊富な事例と長年の経験に基づいて示した成功する起業家の見分け方を参考に，起業家の特性を把握する．

　2. では，ベンチャー企業とその経営者に対する実態調査の調査結果から，起業家の実像がどのようなものなのかを点検する．若い元気のよい人が起業家になっているだろうという推測とは異なって，実際の起業家の平均年齢は50歳を超えている．また，起業家の個人的属性データやアンケートの回答に基づく意識をみることによって，起業家の実像に迫る．

　3. では，失敗をしてビジネス社会から退場した企業について，どこがよくなかったのか，その原因をみたあと，成功している起業家の信条をみて成功への道のりを考える．成功するための起業家の信条は，起業家でない人にとっても，人生いかに生きるべきか，というひとつの指針として参考になるであろう．最後に21世紀の起業家に期待される起業家像を考察する．

第5章 ベンチャー企業の企業家精神と経営者像

1. 企業家精神

(1) 夢と志の実現

　創業者は,大きなリスクと夢と希望をもって企業を創業する.その創業者の中でも,とくに,イノベーション(変革性)の特質をもったベンチャービジネスを立ち上げる高い志の人たちを,アントレプレナー(起業家)とよぶ.起業家が一般的な中小企業の経営者と異なるのは,強いアントレプレナーシップ(企業家精神)をもっていることである.言い換えれば,強烈なアントレプレナーシップをもった起業家に率いられ,リスクに挑戦する革新的な企業がベンチャー企業である.

　新規分野に挑戦するアントレプレナーは,スタートアップから成長期,成熟期,そして株式公開に至る各段階で,確固たるビジョンを確立し,ほとばしる情熱,コミットメント,動機づけをもって,パートナーや顧客,取引先,従業員,資金の供給者などの利害関係者に,自身のビジョンを納得させ,ビジョンの実現に向けて彼らを巻き込んでいかなければならない.

(2) イノベーション

　イノベーションについて,経済学的観点から最初に論理的な分析を行ったのが,シュンペーター(Schumpeter, J. A.)である.シュンペーターは,イノベーションによって経済の発展を説明したのであるが,そのイノベーションと見なされる「新結合」は,① 新しい生産物または生産物の新しい品質の創出と実現,② 新しい生産方法の導入,③ 工業の新しい組織の創出,④ 新しい販売市場の開拓,⑤ 新しい買い付け先の開拓,の5つであった.

　なお,イノベーションは技術革新と訳されたために,工学技術の分野を対象としているように受け止められることがあるが,必ずしもそうではない.工学技術にとどまらず,製品以外の流通,マーケティングなどへ拡大させた社会技

術システムにかんするイノベーションをも含むものである.
　このような新結合を遂行して,自身の夢や志を実現させるのがイノベーターである起業家なのである.

(3) 起業家の成功に必要な資質

　ベンチャービジネスを外側からみてきた公認会計士が,長年の経験からベンチャービジネスの経営者について,成功の鍵となる個人的な資質をチェックポイントとして掲げたのが以下に示すものである(公認会計士ベンチャー研究会ほか,2004).

　① 事業への情熱をもって経営しているか
　② 会社を成長させることに重点をおき,私利私欲で経営していないか
　③ 共同経営の場合,お互いの信頼関係は満足しうるものか
　④ 経営者としての実績があり,経営ノウハウをもっているか
　⑤ 技術や市場分野で優れた経験・知名度を有しているか
　⑥ 経営者としてのリーダーシップ(意志の強さも)を発揮しているか
　⑦ 変化に対応する柔軟な思考があるか
　⑧ 経営者としてビジネスリスクを認識しているか
　⑨ 経営者が自分の長所短所を認識しているか
　⑩ 健康等で経営遂行上問題がないか
　⑪ 経営環境に関する情報を入手するネットワークがあるか
　⑫ 創業者の自己資金や間接金融を受けるなどの資金調達能力があるか
　⑬ 縁故債,増資を引き受けてくれるスポンサー(人脈)をもっているか

　このチェックポイントは,起業の草創期だけではなく,起業の成長期,発展期を通して求められる起業家の資質を明らかにしているので,外からベンチャー企業およびその経営者である起業家を審査する立場にあるベンチャーキャピタルや銀行の担当者が参考にするのによいと思われるし,これから起業を行おうとしている人たちにとっても,示唆になるポイントであろう.

2. 経営者の実像

(1) 実態調査

　ベンチャー型企業の経営者は，その特質として，強いアントレプレナーシップをもつことが必要であるが，実際の起業家はどのような人たちであろうか．ベンチャービジネスの経営者である起業家について，その実像に迫ろうとして，これまで何度かにわたって，大学の研究室や国の研究所，あるいは民間企業やその研究機関が実態調査を行ってきた．第3次ベンチャーブームの時期にあたる1990年代後半に，相次いで起業家についての詳細な実態調査が行われている．

　ただし，調査にあたっては，それぞれの実施機関がベンチャービジネスについての定義づけを行い，調査の対象となる企業を抽出しているので，各調査対象先数も回答数もそれぞれ異なっている．また，そのベンチャー企業の経営者に対する質問事項も，調査によって異なっている．その結果，それぞれの調査結果を比較対照したり，時系列で推移をとらえたりすることはできない．

　しかし，大枠では調査内容や調査結果に大きな差異がないことから，ここでは，いくつかの調査結果を並行的にみながら，起業家の実像を探ることとする．なお，これら調査の対象となっている起業家は，調査時点でベンチャー型企業とみなされた企業の経営者である．必ずしも，ベンチャー型企業の成功者だけをピックアップして調査した結果ではない．

(2) 起業家の実像

① 平均年齢と創業時年齢

　平均年齢は53.5歳（1998年時点）である．ここで，ⓐ設立後10年未満とⓑ10年以上とで回答企業を二分すると，起業家の平均年齢はⓐが47.1歳，ⓑが55.1歳である．研究開発志向型企業とそうでない企業では，研究開発型が51.8歳，そうでない企業が54.6歳で，研究開発型企業の方が若干若いので

あるが，研究開発志向企業でさえ社長の平均年齢は50歳を越えている年輩者だというのが妥当であろう．

創業経営者（起業し，現在も経営を担当）の起業時年齢は，平均37.4歳である．過去においてわが国の起業家は必ずしも高齢ではなかったが，最近では40歳代，50歳代が増大しており，とりわけ50歳代の構成比率が顕著に増えていることから，起業年齢は明らかに高齢化しつつある．

② 身体状況

血液型：日本人全体の構成比と起業家の構成比に差異はない．積極果敢な人間の血液型といわれるO型とB型の経営者が，ベンチャー型起業の経営者に多くみられるというデータはでてこない．ただし，業種別にみると，情報・ソフトウェア業のA型，製造業のB型とO型が高い数字となっている．

肥満度：ベンチャー型起業の経営者の約7割は均整がとれている．しかし，一方で極端な肥満型が1割いる．

結　婚：初婚年齢は27.3歳である．一般的には晩婚化の傾向があるのに対して，ベンチャー型起業の経営者はむしろ若くなる傾向を示し，家庭的な安定についても堅実な考え方の人が多いという見方ができる．

③ 学　歴

ベンチャー型企業の経営者を創業社長と非創業社長とで比較すると，非創業社長（2代目以降）の典型的学歴は大学学部卒であるが，創業社長の学歴はそれよりも若干低いことがわかる．また，このことから，わが国の起業は高等教育機関で受けた教育を直接的な基盤としたものではない，ということもいえるのである．

なお，アメリカの企業家は大学院卒が多いという報告があるが，わが国の場合は，大学院レベルの高学歴をベースにした起業は，最近増えてきているとはいえ，ほとんど例外に属する．

大学および大学院卒の専攻分野は，文系と理系に分けるとほぼ半々の構成と

なっている.

④ 通　勤

「運転手つき自家用車」による通勤者は，社歴とも関係して，しっかりとした経営基盤を築きあげた経営者に多い．ベンチャー型企業の経営者には，虚像の経営者の姿はうかがえず，実に質素にして堅実な経営者像がみえてくる．

⑤ 労働と収入

全体的にみると，創業年次の新しい企業で小規模の企業に12時間以上実働の経営者が多い．自らが陣頭指揮者となって，猛烈に仕事をするベンチャー型企業の象徴的な姿をあらわしているものといえよう．

収入は，いかにもベンチャーらしく，従業員1～9人規模の経営者の8割が1,500万円未満である一方，これと同じ　規模であっても3,500～4,000万円未満の経営者もいる．5,000万円以上の収入がある経営者は，創業年次が比較的古く，従業員規模が大きい企業の企業家である．

⑥ 資格取得

国家試験などの資格をもっている経営者は2割いる．一般の中小企業に比べて「有資格者」の比率は非常に高く，ベンチャー型企業の経営者の資質がかなり高いことを示している．そして，有資格者が製造業よりもサービス業と情報・ソフトウェア業に多いのが特徴的である．また，創業年次では，比較的新しい企業に有資格者が多くみられる．

⑦ 後継者

後継者が「いる」企業は全体の6割弱であって，創業年次の古い企業でとくに製造業に多い．創業年次の新しい企業は「いない」の比率が高いが，とくに若い経営者の比率が高いサービス業と情報・ソフトウェア業に多い．

誰を後継者にするかについては，「社内の人間」が6割に対して，「息子ないしは兄弟等の姻戚等」が4割になっている．経営者の能力の範囲内でしか企業は大きくならないのであるから，自分より優れた後継者を選ぶことが，ベンチャービジネスを立ち上げた企業家としてのつぎなる一大事業である．企業家

として属性にこだわることなく，能力を見極めて選定する必要がある．

⑧ 前職の経験

転職経験者が8割に達しているのは注目に値する．ベンチャー型企業の経営者は，製造業の場合，前職の業種が「電気機器」「精密機器」「一般機器」「建設」の順に多くなっている．製造業のような物づくりは，生産技術や管理の面で陣頭指揮することができるという理由で，経営者自らが経験者であることが，経営者の資質として重要である．

前職の経験年数をみると，サービス業では新旧2つの顔がある．すなわち，勤続4年未満で退職して独立した経営者が3分の1いるのに，一方で，勤続20～25年という経営者も2割いるということである．

なお，前職がある経営者はどういう動機で会社を辞めたのかは，ベンチャー型企業の経営者の横顔が覗える重要な視点である．サラリーマンの退職をタイプ別に分けると，定年退職，選択定年制による早期優遇退職，幻滅退職，自主退職に分けられる．「勤務先企業では自分のやりたい仕事ができないから」が退職の動機としてもっとも多いが，これはまさに，幻滅退職型か自主退職型の退職動機であって，このタイプにベンチャー型企業の経営者として成功している人が多い．自分のやりたい仕事を思う存分やってみたいという，自己実現のための創造と挑戦という起業家精神の原点であろう．

⑨ 両　親

父親と死別した経営者は全体の8割近くに達している．ベンチャー型企業の経営者でみるかぎり，父親との死別者が非常に多いということであり，母親の手によって育てられ，教育を受けてきた経営者が多い．

父親との死別，母親のうしろ姿をみて成長した子どもの心の中に，将来実業家になって母親の面倒をみて親孝行がしたいという気持ちが強く芽生え，それがチャレンジ精神を育み，起業家精神の土台になったと推測できる．実際，そのように子ども時代を振り返って述懐する起業家も多い．

⑩　パートナー

　ベンチャー型企業の会社設立時に，経営者を支えるパートナーが「いる」人が7割を占める．そのパートナーの人数は平均すると3.2人である．パートナーによって補われたものは，精神面・技術面がもっとも多く，資金面・営業面がそれに続く．ベンチャー型企業の経営者は，パートナーの支えなくしては起業のスタートはできなかったといってよい．とくに，精神面でのパートナーの役割は大きく，ベンチャー型企業の創業という大きなプレッシャーに対して，パートナーが何よりの精神安定剤になっているといえる．

3.　成功の方程式

(1) 失敗の原因

　これまでみてきたように，ベンチャー型企業を起業するには，起業家精神を最大限に発揮して，多くの困難に立ち向かわなければならない．毎年，何百人という起業家が，自らこの困難に向かって荒海に漕ぎ出したのである．しかし，第3章でみたように，何十人かの起業家は，残念ながら目的地にたどり着けずに沈没する憂き目にあってしまう．

　ここで，どうして失敗したのか，その原因を探ってみたい．

① 技術過信：技術それ自体の評価と市場での顧客価値の相違を軽視したり，価格と性能のバランスを考えない．

② 過大投資：成長への過大な期待が過大な投資を招く．また大量生産の生産システム管理がうまく機能しないことがある．

③ 販売が弱体：販売力やマーケティング機能が相対的に弱いと，無理に拡大しようとして販売組織，広告宣伝への過大な投資となる．

④ 資金不足：事業拡大と資金調達のバランスを欠いて運転資金不足をおこしやすく，ベンチャー型企業の生存のネックとなりやすい．起業家の役割が大きい．

(2) 企業家精神の発揮

　失敗を恐れず，困難に立ち向かって状況に対応し，困難を乗り越えていくのは並大抵のことではない．しかし，起業家の多くは，創業の時から順風満帆にベンチャー型企業を経営してきたわけではなく，成長のそれぞれの段階で幾多の試練を乗り越えてきたのである．このエネルギーの源は何か．それは，創業の時から，あるいは創業するずっと以前から心に抱いていた人生の目標であり志である．明確で高い志をもった起業家精神旺盛な起業家が，この荒波を乗り切ることができるのである．

　起業家に対して，現在とこれから5年後のベンチャー経営でもっとも重要なコンセプト，経営能力，ノウハウは何かという質問を行ったところ，ほとんどの起業家たちの回答は，特定の経営能力や組織に関するコンセプトについてあれこれ述べるのではなく，アントレプレナーシップに基づくメンタリティや哲学を挙げたのである．ここで，失敗の原因の裏返しになるが，成功するためのポイントを繰り返す．

① 高い志と夢を持ち続けること
② 世界一の優位性をもつ技術を開発し，それで世の中を変えようと本気で思うこと
③ 無理のない負担の軽い仕事からとりかかり，初年度から黒字の会社経営法を習得すること

(3) 起業家の信条

　起業家教育部門では全米最先端のバブソン・カレッジ教授であり，自ら起業家でもあるティモンズ（Timmons, J. A.）は，成功する起業家に必要なメンタリティと行動について起業家からアンケートをとった．その起業家からの回答をまとめて「起業家の信条」としたものは以下のとおりである．学術的とはいえないが，生の起業家の声として傾聴に値すると思われる．

・自分にエネルギーを与えてくれることを行い，楽しむ．

- 「できない」または「多分」のかわりに「やれる」という．
- 執着心と創造力は勝利する．
- できると思えば何でも可能だ．
- できるかどうかわからないときは，やってみよ．
- もう半分しかないより，まだ半分ある．
- 現状に不満をもち改善を求める．
- 別の方法でやる．
- 負う必要のないリスクは負うな．自分にとって適切な起業機会ならば計算されたリスクを負う．
- 事業は失敗する．起業家は学習する―しかし授業料はできるだけ安く．
- 許可を最初から求めるよりは，あとから許しを乞うほうが簡単だ．
- 起業機会と成果―お金でなく―に執着する．
- お金は，タイミングのあった優良起業機会をもった適した人材に与えられる道具であり，スコアカードである．
- 金儲けはお金をつかうよりずっと楽しい．
- 経営チームからヒーローを生み出せ―チームは事業を築き，個人は人生を生きる．
- 達成に誇りをもつこと―これは伝染する．
- 成功に欠かせないディテールに労苦をいとうな．
- 誠実と信頼は，関係を強固にする．
- パイを大きくせよ―パイを小さく切ることに時間を浪費しない．
- 長期戦を覚悟せよ―すぐ金持ちにはなれない．
- 払いすぎに注意せよ―しかし機会を失うな．
- 先頭の犬だけがそれをみる．
- 成功とは求めるものを得ることである．幸福とは得るものを求めることである．（Timons, J. A., 邦訳, 1997：208-209）

(4) 21世紀のベンチャー型企業経営者

　大企業中心の経済は20世紀で終焉した．21世紀は大企業とともに中小企業が，なかでもベンチャー型企業が活躍の舞台を広げ，経済を活性化する役目を担う世紀となる．

　この21世紀における中小企業の経営者とはどのような経営者であろうか．新規事業分野にチャレンジしていく革新的経営者であり，生きがいを仕事すなわち事業経営に求める経営者であり，家族の理解と支援を得ながら独立開業する経営者であり，独自の専門技術を開発してニッチ市場を開拓していくベンチャー経営者であろう．

　また，見方をかえていえば，21世紀の成長のもととなると思われるアジアの成長以上のスピード経営の実践者であり，経営資源を集中特化するだけの事業構想力をそなえた経営者であり，幅広い国際的なネットワークをもった情報収集力のある経営者であり，自己革新のできる高収益体質を重視する経営者であり，公平性・社会性・透明性に軸足をしっかり乗せた運営をする経営者であるといえる．

　以上を実践するための強い意識をもって，ベンチャー型企業の経営を実行した起業家のみが，21世紀の経済の牽引車となるトップリーダーとなるのである．

演・習・問・題

問1　ベンチャー型企業の起業家のうち，成功者として伝記が出版されている人物ひとりを選定し，起業家精神がよく発揮されている部分を列挙しなさい．また，何をきっかけに起業したのかその事柄を述べなさい．

問2　ベンチャー型企業の起業家のうち，失敗した経験のある人物ひとりを選定し，その伝記を読んで何が失敗の原因となっているかについて，1. (3) のチェックポイントと比較しながら考察しなさい．

問3　起業家として成功するための信条と，自身の考え方・信条とを比較し，相違のあるポイントを列挙しなさい．相違がでてきた背景を，自身の経歴を想起して考察しなさい．

参考文献

Timons, J. A.（1994）*New Venture Creation*, 4th ed., Richard D. Irwin, Inc.（千本倖生ほか訳『ベンチャー創造の理論と戦略』ダイヤモンド社，1997年）
科学技術庁科学技術政策研究所（1998）『日本のベンチャー企業と起業者に関する調査研究』NISTEP REPORT No. 61
公認会計士ベンチャー研究会，大橋豊ほか（2004）『ベンチャー経営成功のバイブル』清文社
松田修一（1997）『起業論』日本経済新聞社
野中郁次郎（2000）『イノベーションとベンチャー企業』八千代出版

《推薦図書》

1. 百瀬恵夫・森下正（1997）『ベンチャー型企業の経営者像』中央経済社
   ベンチャー型企業とその経営者について実態調査．
2. 松田修一（1997）『起業論』日本経済新聞社
   異なるタイプの起業家についてその出現プロセスを解明．
3. 野中郁次郎（2002）『イノベーションとベンチャー企業』八千代出版
   イノベーションのマネジメントについて体系的に記述．

第Ⅲ部
ベンチャービジネスのマネジメント

- 第Ⅰ部 現代社会とベンチャービジネス
- 第Ⅱ部 起業家とベンチャー企業経営者
- 第Ⅳ部 ベンチャービジネスとインフラ
- 第Ⅴ部 ベンチャービジネスの育成と支援

ベンチャービジネス
ベンチャリング

第Ⅲ部
ベンチャービジネスのマネジメント
第6章 ベンチャー企業のマネジメントの特性
第7章 ベンチャービジネスの経営戦略
第8章 ベンチャービジネスのマーケティング戦略

第6章の要約

　ベンチャー企業は，自己変革をしながら市場で競争し，生存を続けるためには容易ならざる条件があり，企業成長のモデルを5つのパターンに分けて考察してみた．また，近年，産業構造の変化によって，産業は進化しており，ベンチャービジネスのマネジメントに対する影響を考える必要がある．とくに，ベンチャー企業はコア資産とコア活動を効率的に結び付けながら，産業の進化に対応することが求められる．さらにベンチャービジネスに対する経営革新のマネジメント手法として，3つの概念を挙げてその違いを比較してみた．

第6章　ベンチャー企業のマネジメントの特性

1. 企業成長のモデル

　ベンチャー企業は，新しい独自の技術や新しいビジネスモデルを武器にして，自らの力で新しい市場を開拓していくことにマネジメントの視点が置かれている．企業がゴーイング・コンサーンとして市場で生き残るためには，昼と夜との区別なく，大変な努力を重ねていることはいうまでもない．ましてや大きなリスクを伴うベンチャービジネスにとっては，いくつかの要因が複合的に絡み合っており，起業から成長するのに相応しいマネジメントの変革と対応が求められる．ベンチャー企業については，創業者が選択した市場で起業してから事業活動を展開していく過程を（Ⅰ）創業期，（Ⅱ）成長期，および（Ⅲ）基盤確立期に区分してみると，それぞれの時期においては，企業が成長したり，停滞したり，衰退したり，あるいは消滅したりする状況に遭遇することがある（図表6-1）．ベンチャー企業は，自己変革をしながら市場で競争し，生存を続けており，企業成長のモデルを5つのパターンに分け，その特性について述べてみよう（百瀬，1985：5-7）．

　① 幻・消滅型パターン：創業期半ばにして消滅してしまうベンチャー企業である．これは研究開発が主体であり，未熟な計画とかけ声だけで新規事業を起業したが，顧客ターゲットや販売チャンネルが決まらず，すぐに資金面で不足をきたし，事業継続が困難となり，新製品を市場に送り出さないままで経営不能となる．いわゆる競争の土俵（市場）にデビューすることなく，消えていく幻のベンチャービジネスである．とくに，このパターンは，独断的な研究開発だけに集中して，市場をないがしろにしたベンチャービジネスに多くみられる．

　② 途中挫折型パターン：何とか研究開発に成功し，その時点では，世間の

第6章　ベンチャー企業のマネジメントの特性

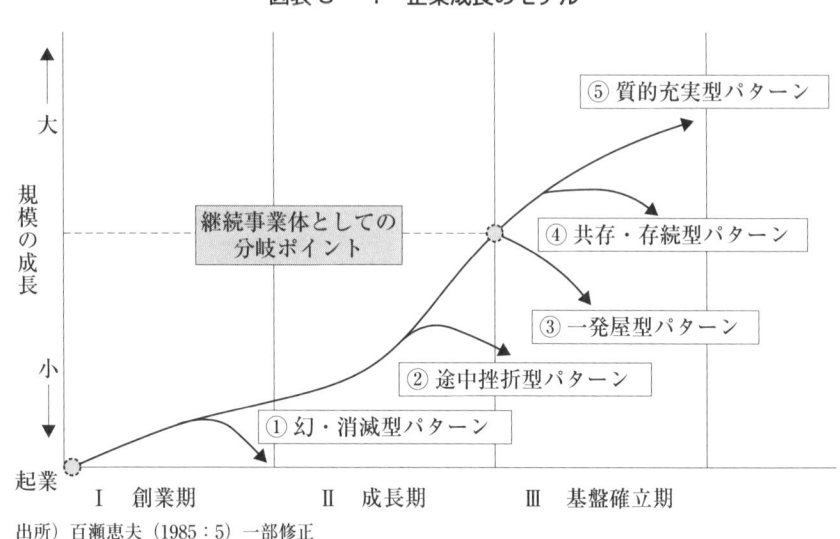

図表6-1　企業成長のモデル

（図：企業成長のモデル。縦軸「規模の成長　大←→小」、横軸「起業　Ⅰ創業期　Ⅱ成長期　Ⅲ基盤確立期」。「継続事業体としての分岐ポイント」から①幻・消滅型パターン、②途中挫折型パターン、③一発屋型パターン、④共存・存続型パターン、⑤質的充実型パターンに分岐）

出所）百瀬恵夫（1985：5）一部修正

注目を集め，マスコミにも取り上げられ，華やかな脚光を浴びて登場したベンチャー企業であるが，社会のニーズを先取りし過ぎたり，現時点では早過ぎて市場性を有していなかったり，あるいは企業側の趣味的な製品であったために，直接売上げに結びつかず，途中で挫折したベンチャービジネスである．とくに，このパターンは，顧客が製品の実質的な価値が期待より小さいと認識した場合には，顧客の反応が鈍くなる．いわゆる単なるブームに踊らされてしまい，創業者の見当違いな夢物語を信じ，そのシナリオに期待をかけたベンチャービジネスに多くみられる．

③　一発屋型パターン：独創的製品で売上を伸ばし，確固たる地位を築いた企業にみえたものの，次の製品が開発されないために，後発のベンチャービジネスや既存企業に先を越されてしまったベンチャー企業である．とくに，このパターンは，ヒット製品を世に送り出し，ある程度企業名や製品力が市場で認知されはじめているにも関わらず，単眼的な企業体質をもち，過去の栄光を強

く引きずっており，いわゆる一発屋のベンチャービジネスに多くみられる．これを打開するベンチャービジネスは，複眼的な体質をもって顧客ニーズに対応した新製品開発に取り組み，市場に対して製品を第2弾，第3弾と計画的，戦略的に準備し，展開する必要がある．

④　共存・存続型パターン：市場では単品の製品としては，消費者には根強いものの，新製品開発が続かないが，既存製品の改良などにより，後発のベンチャービジネスや既存企業と共存する形で存続している守備的なベンチャー企業である．このパターンは，創業の精神を忘れてしまい，現状に甘んじており，いわゆる経営の進化がみられないベンチャービジネスに多くみられる．とくに，企業間競争の度合いが低い時には影響を受けないが，業界内の企業数が増えたり，市場における製品の類似性が高まると危機に直面する可能性がある．そのため，既存製品を改良するスピードや参入障壁を構築する手段としての製品スペースを埋める創意・工夫が求められる．

⑤　質的充実型パターン：継続事業体としての分岐ポイントまでは，一気に成長したのち，さらに新技術，新製品の開発が続けられ，自らが需要の創造を行い，後発ベンチャービジネスの追従を許さずに，市場支配力や価格形成力を有するベンチャー企業である．このパターンは，展開している事業分野において，営業活動が順調で，安定した売上高，高い収益性を確保することができ，さらに社内組織体制の強化が可能になる．いわゆる量的な充実から質的な充実へとビジネス展開を可能にする理想的なベンチャービジネスである．世間から注目を浴びる企業になると，ベンチャーキャピタルや金融機関などから，資金提供についての申し出も多くあり，ベンチャービジネスを展開するうえで資金的に不足することはない．すべてのベンチャービジネスが，このパターンを目指して努力すべきは当然のことである．

ベンチャー企業の一生は，生物のように寿命で決まるものではない．ベンチャービジネスを成長させる原動力は，常に起業家精神をもってベンチャー企業自身が変身する力を保持している限り，リスクを管理し，限られた経営資源を活用し，市場環境に適応することが不変の真理である．しかし，多くのベンチャー企業は，市場の不適応なパターン化という目にみえない波に流される傾向にある．とくに，ベンチャービジネスは，市場環境の構造的な動きを先んじて把握し，そこから派生するさまざまな課題に対応して方策を考え，創造的な事業活動を展開することが重要である．すなわち，経営環境の中では，組織全体が市場において成長するチャンス，勝利するチャンスを志向するマネジメント戦略が必要であり，組織活動に影響を与えられずに誤った対応をすれば，ベンチャー企業は成長性を失い，敗北者となるといえよう．

2. 産業構造の進化

ベンチャー企業は，経済・経営環境の変化とその対処を考える場合，一般的な既存企業と異なって，これらに対する関心のもち方，問題の焦点についてかなり違ったとらえ方をすることがある．とくに，ベンチャー企業にとっては，ベンチャービジネスのあるべき理想的な姿を求めることは大切であるが，環境変化に適応するにはコストが伴うことを忘れてはならない．近年，産業構造 (industrial structure) の変化によって，産業は進化しており，より切実な現実課題は，いかにして環境変化に対応した経営を行い，企業の成長・存続を図っていくかを選択するマネジメントが叫ばれている．さらに，ベンチャー企業は，産業構造の変化から生まれる市場好機について，本物であるか，あるいは一時的なブームであるかを，どのように判断するかが，もっとも重要な課題のひとつであるといえよう．企業は，一般的に自社が所有する現金や設備あるいは商標・特許など，耐久性のあるモノやサービスで価値を生むコア資産と，生産やマーケティングあるいは物流などの販売促進やコスト管理に対するコア活動を行っている (McGahan, A. M., 邦訳，2005：50-52)．とくに，ベンチャー企業は，

コア資産とコア活動を効率的に結び付けながら，産業の進化に対応することが重要である．また，ベンチャービジネスの普遍的命題としては，「成長のタイミング」「生き残りの対策」「収益性の向上」などが主たる要因として挙げられる．産業の進化については，経営活動を展開している産業分野の現状を把握し，そこから生まれる恒常的な機会を見極め，ベンチャービジネスのマネジメントに対する影響を考える必要がある．ここでは，産業の進化を (1) 漸進型, (2) 創造型, (3) 関係型，および (4) 激震型，という4つの型に区分して，それぞれの特性と対応について説明してみよう（McGahan., 邦訳, 2005：30-36）（図表6-2）．

(1) 漸進型の進化

この型の特性は，企業が従来のマネジメント手法を捨てて，何か新しいことを採用するよりも，むしろ着実にマネジメント能力を積み上げていく傾向が強く，コア活動やコア資産に対してあまり影響を与えず，漸進的なイノベーションを積み上げて，産業構造の進化に対応するベンチャー企業である．消費者の購買意欲と取引先業者のサポート意欲の両方を刺激することにより，価値を創造する反復的な行為であるコア活動が安定し，それに合わせて企業にとって有効なコア活動を推進する手助けとなる耐久財で，ブランドや知的所有権などを含む無形資産であるコア資産も安定する．とくに，ベンチャー企業にとって，漸進型の進化に対応するためには，コア活動とコア資産が相乗効果を生むシステムを開発する能力，消費者や取引先業者からのフィードバック（feedback）に，素早く反応する能力などを育成し，活用するマネジメントが要求される．

(2) 創造型の進化

この型の特性は，企業と消費者および取引先業者の関係がまだ安定している状態において，自社のコア資産が劣化の脅威があるにも関わらずコア活動には当面重大な影響を及ぼさないが，ライバル企業や新規参入企業の影響を受けて，

図表6-2 産業進化の4つの型

	(1) 漸進型	(2) 創造型	(3) 関係型	(4) 激震型
(A) 進化の法則の事例	①市場に本格参入する前の継続的なテストマーケティング ②ベンチマーキングの実施や業績の開示 ③提携・買収により、漸進的に能力拡大	①鮮度の高いマーケット情報なしに、潜在性の高いビジネスプランに経営資源を投入 ②実効性のあるビジネスプランを市場化するプロジェクトシステムの開発 ③成功が見込めないプロジェクトの整理・撤退	①消費者・取引先業者に対する流通システムの変化への対応 ②固定インフラへの投資額の縮小 ③経営資源を既存事業から引き揚げ、収益性の高いビジネスに転用	①利益を見込めるビジネスに対する見極め ②利益が見込めないビジネスに対する規模の縮小 ③長期性資産を既存事業に使わない
(B) イノベーションの機会の事例	①地域や独自商品で市場を支配するシステムの構築 ②全社的な活動と個々の活動との連携	①画期的なビジネスプランの開発プロジェクト ②市場化を効率よく推進するためのプロジェクトシステムの開発	①中核となるロイヤルティの高い顧客グループに早い段階で焦点を当てる ②消費者、ライバル企業、取引先業者との協業化 ③消費者、取引先業者を対象とする川下・川上での統合	①変化が起きる時期を正確に予測し、利益の上がっているビジネスを極力長期に温存 ②固定資産をさまざまな経営活動に利用して、経営効率を改善

出所）McGahan, A. M., 邦訳（2005：27）一部修正

産業構造の進化に対応しなければ持続性を維持できないベンチャー企業である．この状態では，コア活動のシステムを維持することで，業界における地位の安定は得られるが，ベンチャービジネスを支える確固たる基盤について脆弱性があり，産業構造の変化に対しては，いつも危険性が付いて回る場合が多いといえよう．そのため，コア資産が下落した場合には，売上高や収益性に対して不安な面が出るのは当然である．とくに，ベンチャー企業にとって，創造型の進化に対応するためには，新たな経営資源を活用したビジネスプランを策定・計画する能力，プロジェクト開発のリスクを管理する能力，あるいは取引先業者との協業化によって市場で新製品化をするための能力などを育成し，活用するマネジメントが要求される．

(3) 関係型の進化

この型の特性は，異なるビジネスモデル展開や流通システムの変革など，新たなアプローチの出現により，業界の企業全体が直面する問題が起こった中で，産業構造の進化に対応するベンチャー企業である．自社のコア資産に対する劣化の脅威はないが，産業のコア活動が劣化の脅威にさらされ，その結果，企業と消費者および取引先業者との関係が破綻したりする．さらには，製品のみならず原材料や技術，あるいは従業員をめぐる市場での競争は激しくなってくる．とくに，ベンチャー企業にとって，関係型の進化に対応するためには，企業自身が新たな消費者に新たな製品・サービスを提供する能力，新しい流通チャンネルを開拓する能力，あるいは製品ラインを根底から変える新しい技術を発見する能力などを育成し，活用するマネジメントが要求される．

(4) 激震型の進化

この型の特性は，技術革新やファッションスタイルの変化，あるいは公的規制の緩和など，社会・経済環境において，劇的な変化がきっかけとなって起こる産業構造の進化に対応するベンチャー企業である．新たなアプローチが産業

のコア活動とコア資産の両方が劣化の脅威にさらされ，創業当時からの経営体制に固執するベンチャー企業では，実施されているマネジメントが時代にマッチしなくなっているケースが多くみられる．その結果，今まで培われてきた企業と消費者および取引先業者との関係を見直して，再構築をする必要性が生じる．とくに，ベンチャー企業にとって，激震型の進化に対応するためには，新しい顧客セグメントのニーズを探索する能力，新しい市場機会を開拓する能力，自社の経営資源を斬新な方法で利用する能力などを育成し，活用するマネジメントが要求される．

　産業の進化は，業界にある企業数や相対的な規模などの市場構造（market structure）と既存企業が市場で選択する企業行動（firm behavior）に注目することが重要であり，産業がスペクトラム（spectrum）のどの位置にあるかによって異なるのは明らかである（Saloner, G. et al., 邦訳, 2002：188）．とくに，ベンチャー企業は，産業の進化を予測し，ライバル企業に先駆けて，危険で不必要なリスクからの回避に視点を置くことが求められる．起業家精神の旺盛な起業は，問題解決のために新しいアプローチを考えて，実効性の高い戦略的なマネジメント手法を導入することが大切である．

3. 経営革新のマネジメント

　継続的なベンチャー企業の経営革新には，機能や階層を超えた広い範囲の全社レベルで起業家精神を構築することが不可欠である（Baden-Fuller, C. and J. M. Stopford, 邦訳, 1997：161）．長期に渡って存続するベンチャー企業であっても，同じ事業内容でマネジメント活動を行っているわけではなく，常に消費者の選択や変化する市場などの状況に応じて，企業規模や業種・業態などを変革させる，いわば自らが働きかけたマネジメントのあり方を適合させる動きがみられる．とくに，産業構造の進化に直面したベンチャー企業は，方針を決断・行動するタイミングや経営戦略を実行する速さ，市場の状況や成熟度，あるいは経営環境に対する適応のスピードなどを十分に理解して，経営革新のマ

ネジメントをしなければ明るい未来はない．近年では，ベンチャー企業においても，厳しい市場環境やそれに伴う経営環境に対応するために，「リストラクチャリング」や「リエンジニアリング」，あるいは「ベンチマーキング」などのマネジメント手法を用いて，ベンチャービジネスに対する経営革新が実行されている．以下この3つの概念についてその違いを比較してみよう（図表6-3）．

(1) リストラクチャリング（restructuring）

　一般的には，事業の再構築と訳されているように，マネジメントの現状を再検討し，マネジメント構造を再構築する意味で使われている．具体的には不採算部門の削減や製造工程におけるITの導入による効率化，アウトソーシングの活用によるスリム化，あるいは生産拠点の海外移転などが挙げられる．その結果としては，一部事業部門からの縮小・撤退や直接・間接コストの節約・削減，さらに合理化に伴う雇用調整や人員削減などを徹底的に推し進めていくことである．とくに，ベンチャー企業におけるリストラクチャリングは，自社内の事業ポートフォリオを組み替えたり，必要な事業を育成するためにビジネスモデルを一部進化させたりすることが求められる．また，ベンチャービジネスの将来に対する見通しを考慮し，経営戦略が順調に推移していくために，必要な機能や事業をM&A（Merger and Acquisition）によって獲得することも重要である．すなわち，ベンチャー企業は，経営目標を達成するために，買収や合併あるいは業務提携などで外部からの経営資源を取得し，自社の事業に取り込むマネジメント手法もリストラクチャリングであるといえよう．ひとつ注意しなければならない点は，縮小傾向のマネジメント手法では，従業員の意識やモチベーション（motivation）が低下する恐れがあるため，事業再編成について十分に説明することが大切である．

(2) リエンジニアリング（reengineering）

　正式には，ビジネス・プロセス・リエンジニアリング（BPR = Business

図表6－3　経営革新における3つの比較

3つの概念	(1) リストラクチャリング	(2) リエンジニアリング	(3) ベンチマーキング
① 改革の方法	見直し＝現状の肯定	抜本的改革＝現状の否定	ベスト・プラクティスのアプローチ
② 改革の程度	部分的な改善方法	全社的な改革方法	成功企業に学ぶ
③ 焦点	改善に焦点がある	変革に焦点がある	最善を探索する
④ 対象	不採算・非効率部門	ビジネスプロセス全体	ベスト・プラクティス
⑤ 効率化	部分効率化，人員削減も主目標のひとつ	結果的に人員削減（＝合理化）に結びつくことが多い	全体的な効率化であり，必ずしも人員削減には結びつくものではない
⑥ 成功の担保	短期的な採算	将来における成功の担保がない	すでに成功例が存在する
⑦ 思考の方向性	短期思考おける合理化という意味では，マイナス思考	リスクを避ける経営マインドからみれば，どちらかというとマイナス思考	成功例に学ぶ経営者マインドからすると，プラス思考

出所）高梨智弘（1996：60）一部修正

Process Reengineering）といい，企業を根本から変える経営革新のマネジメント手法である．リエンジニアリングとは，「コスト，品質，サービス，スピードのような重大で現代的なパフォーマンス（performance）基準を劇的に改善するために，ビジネスのプロセスを根本的に考え直し，根本的にそれをデザインし直すことである」と定義されている（Hammer, M. and J. Champy, 邦訳,

1993：57).市場の変化に柔軟に対応するためには,現在のマネジメント手法では業界の競争に勝てないとか,現状のビジネスモデルが段々とじり貧の状態になっているとか,現実にとられている経営のやり方や運営の仕方,実施しているプロセス,あるいは考え方など,すべてを否定するところから始まる.とくに,ベンチャー企業では,今まで築いてきた仕事の流れから脱出して,職種別・機能別ではなく,業務や組織あるいは戦略を根本的に再構築するマネジメント手法の創造が求められる.すなわち,ベンチャー企業は,創業の精神に立ち返って,ゼロからベンチャービジネスを見直す,原点回帰への挑戦こそが構築する礎となろう.ベンチャー企業のリエンジニアリングは,あるべき姿を実現するため,白紙から再びまったく新しいマネジメント手法をみつけることであり,それに携わる従業員もパイオニア（pioneer）精神でアプローチ（approach）することを忘れてはならない.

(3) ベンチマーキング（benchmarking）

ベンチマーキングは,対象とする業務プロセスに着眼し,ベスト・プラクティス（best practice）を探し出し,もっとも優れた実践方法について学ぶということが基本的なマネジメント手法である.また,自社の現状と設定した目標を比較し,そのために用いる数値化した指標をベンチマークとよんでいる.言い換えれば,企業は,他社の優れた事例を分析し,自社の経営効率を向上させるために,自社にあったベスト・プラクティスを導入し,当初の目標を実現することである.とくに,ベンチャー企業では,あるべき姿を求めて改革や改善活動を継続的に進める必要があり,ベンチャービジネスにおいて競争他社より非効率な箇所を改善するために,異業種のプロセスを含めてベスト・プラクティスに学ぶことが求められる.さらに,他社とのギャップを埋めていくためには,自社の強みと弱みをしっかりと分析し,自社の競争力を適正に評価し,具体的に指摘できる自社の弱みを改善するか,あるいは強みをより強く打ち出すか,方針を明確にすることが問われる.また,ベンチャー企業は,ベンチ

マーキングの考え方を拡大解釈して，最初から業界外や世界中からのベスト・プラクティスを目標にするのではなく，段階的に身の丈に合ったベンチマーキングを選択し，次第にレベルアップする方策を検討することも大切である．そして，従業員に対しては，真の顧客ニーズを理解させ，客観性のあるベンチマークを明らかにし，具体的な目標を与えることも重要である．

　企業のマネジメント手法は，自然現象とは違い，未来永劫，不変のまま留まることはありえない．産業構造では，一時点だけをとらえれば，大企業と中小企業，あるいはベンチャー企業のいわゆる「棲み分け」がみられることもあるが，現実の市場では，このような固定的な棲み分けの状況が継続することは稀である．また，多くの業界においては，市場環境が変化する中で，成熟企業とダイナミックな企業は共存しており，その中でベンチャー企業は，新製品や新プロセス，あるいは新しい市場を創出しながら，市場の適合を続けていく必要がある．すなわち，ベンチャー企業は，経営戦略，企業規模，事業内容などの変革はもちろんのこと，マネジメント手法を変革することに対し，積極的に取り組んでいく姿勢や努力こそが「経営革新」に他ならず，こうした過程を経て「成長する企業」「縮小する企業」「転換する企業」などが出現するのは明らかである（中小企業庁編，2005：42）．ベンチャー企業は，常に市場の変化に対応した新しいパワーを構築できるマネジメントを醸成するために，かなりの努力が必要である．

　ところで，経営革新とは，従来，自社では取り組んでいなかった新たな事業活動を目指すことであるから，たとえば，新しい機能を創り出す必要性に迫られたり，既存のマネジメント活動から新しいスキルを創出したり，従来外注されていた活動を社内で行ったりすることもある．そのために，ある部門の役割や機能がいちじるしく変わることもあり，従業員の協力が不可欠である．ベンチャー企業は，創業者自身が経営革新につながる考え方や行動を従業員に身をもって示し，ベンチャービジネスの目指す方向性について，密接なコミュニケーションを行うことが大切であり，逆に従業員から経営革新に対して，活発

な提案がなされることも重要である．とくに，ベンチャー企業は，創業者の価値観や個性によって特徴づけられた企業風土を形成しており，創業者の考え方や発言，人柄が強く影響された社風が構築されている．このようなベンチャー企業は，そうでない企業と比較して，経営革新に対して取り組み意欲がある企業や掲げた目標を遂行・達成している企業の割合が高いと評価されている．ベンチャー企業では，新たな革新的マネジメントやスキルを波及させるためには創業者と従業員が一丸となって，社内の能力を開発・育成し，統合する努力など，集合的な力の形成が求められており，それに加えてスピードと柔軟性をフルに活用して，自社の経営革新を成功に導く必要があるといえよう．最後に，ベンチャー企業では，継続的な経営革新なくして，企業の成長はなく，成長がなければ進歩はないことは明白である．

演・習・問・題

問1　ベンチャービジネスの特性とコラボレーションの関係を説明しなさい．
問2　インターネットを活用した代表的なビジネスモデルである「ダイレクト・モデル（ダイレクトセリング・モデル）」について，1つ事例をあげて説明しなさい．
問3　ベンチャー企業を「先端技術型」「雇用創出型」「自活型」に分類して，それぞれに特性を論じなさい．

参考文献

Baden-Fuller, C. and J. M. Stopford（1994）*Rejuvenating The Mature Business*, Harvard Business School Press.（石倉洋子訳『成熟企業の復活』文眞堂，1997年）

Hammer, M. and J. Champy（1993）*Reengineering The Corporation : A Manifest for Business Revolution*, Linda Michaels Literary Agency.（野中郁次郎監訳『リエンジニアリング革命』日本経済新聞社，1993年）

McGahan, A. M.（2004）*How Industries Evolve*, Harvard Business School Press.（藤堂圭太訳『産業進化4つの法則』ランダムハウス講談社，2005年）

Saloner, G., Shepared, A. and J. Podolny（2001）*Strategic Management*, John

Wiley & Sons, Inc.(石倉洋子訳『戦略経営論』東洋経済新報社,2002年)
中小企業庁編(2005)『中小企業白書(2005年版)』ぎょうせい
百瀬恵夫(1985)『日本のベンチャービジネス』白桃書房
高梨智弘(1996)『経営品質革命』東洋経済新報社

―《推薦図書》―

1. 井上善海(2002)『ベンチャー企業の成長と戦略』中央経済社
   バリュー,コア・コンピタンス,マネジメントの観点から戦略を解明.
2. 坂本英樹(2001)『日本におけるベンチャー・ビジネスのマネジメント』白桃書房
   ベンチャービジネスのマネジメント特徴,創造のメカニズムの提示.
3. 柳在相(2003)『ベンチャー企業の経営戦略』中央経済社
   成功の道へ導くための経営戦略と組織マネジメント能力に焦点.
4. McGahan, A. M.(2005)*How Industries Evolve*, Harvard Business School Press.(藤堂圭太訳『産業進化4つの法則』ランダムハウス講談社,2005年)
   産業構造や産業の進化を把握し,優れた業績を達成するために必要な戦略を論述.
5. Kotter, J. P.(1996)*Leading Change*, Harvard Business School Press.(梅津祐良訳『企業変革力』日経PB社,2002年)
   変革の推進のために,企業がとるべき変革に伴う諸問題について論及.

第7章の要約

　ベンチャー企業は，未来社会における自らの存立基盤を構築するため，それに基づく経営理念を設定することが大切である．企業を取り巻く環境が変化する中で，いかに新しい市場や需要を創造するか，また，既存企業と差別化された戦略や斬新で画期的な経営戦略を具体的に明らかにしなければならない．とくに，ベンチャービジネスの運命を決める企業の戦略的な意思決定は，経営活動において重要な意味をもっているといえよう．さらにベンチャービジネスを創造する価値観，基本的な企業の対応姿勢にも十分に注目する必要がある．

第7章 ベンチャービジネスの経営戦略

1. 経営理念の意義

　経営理念（management philosophy）とは，一般的に経営者がもつ思想や信条を表したもので，経営の主体的な活動にとって，行動の指針となる基本的な考え方を示しており，経営目的そのものではなく，経営目標を達成するために全社一致の思想を形成するものであるといえよう．この経営理念は，社是，社訓，綱領，指針，社歌などのような形で表されている場合が多くみられる．

　ベンチャービジネスの経営理念は，創業の精神と目的を達成するために，どのような思想や経営方針で実践していくかを明らかにした指導原理に位置することになる．すなわち，ベンチャービジネスの経営理念は創業者の経営哲学の表現であり，それを全従業員に浸透させ，やる気を起こさせ，企業の成長と発展そして社会貢献に寄与することにその存在意義がある．まさに，ベンチャービジネスにおける経営活動の拠りどころであり，企業においては，永遠の生命を宿すための血液といっても良いであろう．とくに，ベンチャービジネスは，創業者の人間的な魅力を企業の経営理念に結びつけ，従業員との信頼関係を確立して，企業の社会性と貢献を打ち出すことが重要であろう（百瀬，1985：95）．

　また，経営理念と経営戦略の関連性については，経営理念は経営環境の変化や経営資源の状態を，あまり考慮することなく策定されている．一方，経営戦略は，経営理念の実現に向けて，経営環境の変化や経営資源の状態を十分に分析し，検討を重ねた結果，導き出される目標である．両者は質的には，抽象的であるか，具体的であるか，という点で相違があるものの，整合していることが望ましいのは当然である．しかし，図表7－1で示しているように経営理念は経営環境および経営資源を媒介させながら，基本的には経営戦略の大枠を制約しているとみることができる（斎藤，2000：76）．

図表7－1　経営理念と経営戦略の関連性

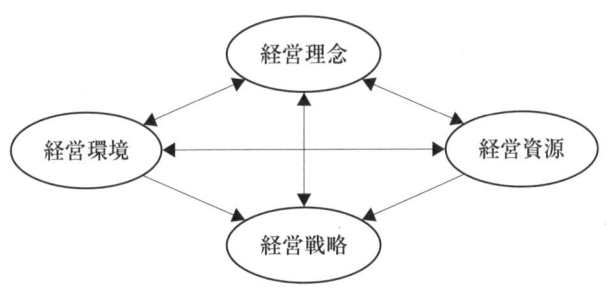

```
            経営理念
         ↗    ↕    ↖
    経営環境 ←――→ 経営資源
         ↘    ↕    ↙
            経営戦略
```

出所）斎藤毅憲編著（2000：77）一部修正

2. 経営戦略の必要性

　ベンチャービジネスは，創業者が市場において「起業」し，「企業」として成長させていくためには，市場で生きていくことができる企業としての存立基盤を明らかにし，その経営環境に適応した経営戦略（business strategy）の策定が必要となってくる．戦略とは，元来は軍事用語で「大局的観点から敵を打ち負かす手順」という意味をもっているが，1960年代に入ってからアメリカの経営学において使用され始めるようになった．たとえば，チャンドラー（Chandler, A. D. Jr.）は，「戦略とは，ある企業が基本となる長期的目標を決定し，その目標を達成するために必要となる行動計画を策定し，そして自らが所有している経営諸資源を有効配分することである」（Chandler, 1962：283）と述べている．

　ベンチャービジネスは，IT技術の進展，グローバル化のさらなる拡大，規制緩和の進行，産業構造の変化，あるいは高齢化社会の到来などに伴って，外部環境の変化に対応する短期的な活動や経営姿勢だけでは不十分であり，企業がゴーイング・コーンサーン（going concern）として，存続を確保し，発展させるためには，長期的，戦略的観点に立脚した活動や前向きで革新的な経営姿勢をもつことが求められる．とくに，ベンチャービジネスにとっては，いかに新しい市場や需要の創造，既存企業と差別化された戦略，斬新で画期的な戦略

第 7 章　ベンチャービジネスの経営戦略

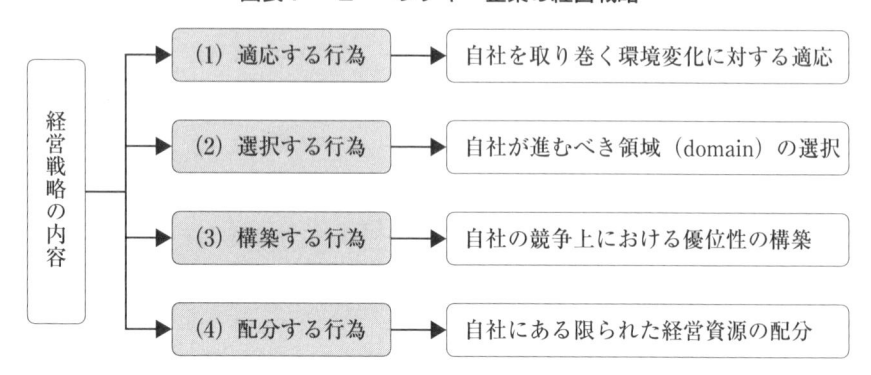

図表 7 － 2　ベンチャー企業の経営戦略

```
                    ┌─(1) 適応する行為 → 自社を取り巻く環境変化に対する適応
経営戦略の内容 ─────┼─(2) 選択する行為 → 自社が進むべき領域（domain）の選択
                    ├─(3) 構築する行為 → 自社の競争上における優位性の構築
                    └─(4) 配分する行為 → 自社にある限られた経営資源の配分
```

などを市場において明確に打ち出すことができるかにかかっているといえよう．

　ベンチャービジネスにおける経営戦略の内容としては，将来の目指すべき方向や企業のあり方，あるいは意思決定の指針としてきわめて重要な意味をもっており，「適応する行為」「選択する行為」「構築する行為」および「配分する行為」の 4 つの要素に分けて説明してみよう（図表 7 － 2）．

(1)「適応する行為」―自社を取り巻く環境変化に対する適応

　企業を取り巻く内外の環境や経済社会，技術などが大きく変革する中で，自社がおかれている状況を適切にとらえる必要がある．新しい事業機会を積極的に推進していくためには，情報感度の高い経済予測や社会の動向，諸環境の変化などに対する情報を入手し，分析・検討を行い，市場あってのベンチャービジネスであるという基本姿勢をしっかりともった経営戦略を立てることである．

(2)「選択する行為」―自社が進むべき領域（domain）の選択

　自社の経営目標を達成するためには，自社の進むべき事業領域がどこであるのか，その生存領域を明確に設定することが大切である．ベンチャービジネスにとってもっとも重要な領域の選択は，企業内からの発想ではなく，市場あるいは顧客に焦点をあてた発想によって設定することである．企業の発展性に視

点をおいた経営戦略が求められる．

(3)「構築する行為」──自社の競争上における優位性の構築

　競争上の優位性とは，競争の場である市場において自社および他社の強み，弱みを把握し，もたらされる危機や脅威を巧みに考慮したうえで，自社が他社よりも有利な条件で経営活動を展開することである．すなわち，ベンチャービジネスが市場において，成功に導くための決め手となるのは，経営活動が競合他社と比較して，より魅力のある競争上の優位性を発揮することが可能となる経営戦略を構築することである．

(4)「配分する行為」──自社にある限られた経営資源の配分

　経営戦略において必要とされる経営資源は，ヒト，モノ，カネ，経営情報，さらに現代社会では，経営ノウハウ（management know-how）を付加してとらえることができる．ベンチャービジネスが，存続し，成長していくための条件は，限られた経営資源をいかに有効に配分・活用し，企業成長のエネルギーに変えていくことができるかにかかっている．そのため，どの事業分野にどの程度の投資を実施するかで，将来性を大きく左右することになる．

　ベンチャービジネスは，内部的な能力と外部環境の変化を的確にとらえ，それに対応した理想的と思われる経営戦略を策定し，その役割と責任を十分に認識しても，自社の成長機会を積極的に発見するタイミングや努力を怠ると，企業は倒産の危機に遭遇することになる．そのためには，経営環境の変化をあらかじめキャッチできる監視体制を設け，ベンチャービジネスがもつ機動性，意思の疎通性，全社体制で経営目標に向かう集中性をより高度に発揮し，活力ある企業として活躍することが望まれる．

3. 企業の意思決定

　企業は，日頃から内外を取り巻く環境変化や自らが所有する経営資源に対応

した変革が求められるが，そこに経営者が行う意思決定の重要性が存在する．とくに，革新性と冒険性を合わせもっているベンチャービジネスの運命は，意思決定によって大きな影響を受けることになるため，組織内外から理解され支持されることが強く求められる．チャンドラーは，企業の意思決定を戦略的決定（strategic decisions）と戦術的決定（tactical decisions）の2つに分類している（Chandler, 1962：9-11）．戦略的決定とは，企業者的決定（entrepreneurial decisions）ともいわれ，トップ・マネジメント（全般的管理者）の職務と考えられている．すなわち，企業が事業目的を具体化するために経営の基本目標を設定し，この基本目標を達成するための方法として経営方針を決定し，それらを実行するために経営資源の配分を行うことを指している．一方，戦術的決定とは，管理者的決定（administrative decisions）ともいわれ，ミドル・マネジメント（中間管理者）やロワー・マネジメント（下級管理者）の職務を指している．すなわち，配分決定された経営資源について実効性の高い運用を目指し，経営活動の展開に関する意思決定をその内容とするものである．

　また，アンゾフ（Ansoff, H. I.）は，企業の意思決定を戦略的決定，管理的決定および業務的決定（operating decisions）の3つに分類している（Ansoff, 1965：5-6）．戦略的決定とは，企業における経営目標や方針の設定，製品市場構造の選択，事業の多角化など，自社の経営資源に対して適切な配分を行うためのものであり，企業の内部環境より外部環境に関わる問題について，的確に対応させることに関する決定である．さらに，管理的決定とは，企業の組織構造で発生する権限と責任，命令系統，情報管理あるいは経営資源の調達，開発など，企業が実行計画を遂行するうえで必要とすべき経営資源の組織化に関する決定である．そして，業務的決定とは，企業の各職能部門や各製品の製造部門に対して，予算の割当て，生産管理，在庫管理，販売管理など，自社の経営資源の効率を最大限に活用するためのものであり，日常的な取扱業務に関する決定である．これらの意思決定は，それぞれの部門や階層が明確に独立して運営されている環境条件の下で行われているとはいえず，それぞれが相互に密接

不可分の関係にあり，合理的かつ体系的に策定されるべきであるといえよう．

ここでは，ベンチャービジネスが戦略的決定に必要とされる諸条件について，「問題形成」「現状改革」「具現化」「リスクテイキング」および「哲学・信念」の5つの視点からとらえて述べてみよう（図表7-3）．

(1) 問題形成の視点

消費者の姿がみえにくくなったといわれるような不透明な状況の下で，自社にとって何がもっとも本質的な問題なのかを，自ら設定できなければならない．たとえば，急速に変化する不確実性の多い環境の中で，ベンチャービジネスの戦略が現在の状況と整合しないこともあるだろう．その場合，不足している問題点を洗い出すことが必要である．企業を取り巻く経営環境に対処し，前向きに問題を発見し，解決していくことが重要であり，ダイナミックな企業展開を行いつつ，創造的リーダーとしての先をみる視点で戦略的決定をすることが望まれる．

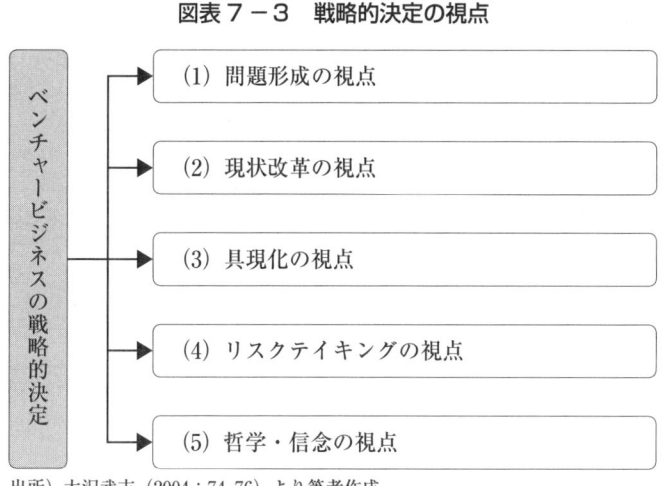

図表7-3 戦略的決定の視点

ベンチャービジネスの戦略的決定
- (1) 問題形成の視点
- (2) 現状改革の視点
- (3) 具現化の視点
- (4) リスクテイキングの視点
- (5) 哲学・信念の視点

出所）大沢武志（2004：74-76）より筆者作成

(2) 現状改革の視点

企業の置かれている状況は，時が経つにつれて変化する．現状に安住するところに改革はなく，現状に対する当事者のみに意識された危機意識が現状否定へとつながる．企業は消費者との間で適切かつ有効なコミュニケーション関係を構築・維持していく必要があり，戦略の有効性を常に検証しつつ，新たな方向性や改善を示す革新的な視点での戦略的決定が常に求められる．

(3) 具現化の視点

商品やサービスを消費者に提供する方法は，大きく変わろうとしている．ベンチャービジネスにとっては，新たなビジョンを実現する具体的なシナリオが明示されなければ，組織を新しい方向へと駆り立てる戦略的決定とはならない．そのためには，実効性の高い処方箋を示し，従業員がより効果的な行動が取れるような共通の理解と認識をすることに視点を置いた戦略的決定を確立することが重要である．

(4) リスクテイキングの視点

今日の状況は不透明かつ曖昧で，結果の成否に対する見通しは不確実といわざるを得ない．ベンチャービジネスにとっても，この状況下での戦略的決定は，あえてリスクにチャレンジする企業の存在価値をかけた決断なのである．たとえば，市場を創造し，先行者の優位性を独り占めすることができたとしても，その成功に刺激されて新しいライバルが参入したり，イノベーションが自社にとってマイナスの影響を及ぼすことがある．そのための視点としては，常に回復不可能なリスクを顕在化させないことに注意しながら戦略的決定をすることが大切である．

(5) 哲学・信念の視点

自社が何のために存在するのかということが，明確な思想として企業理念の

中にうたわれているはずである．自らの中に座標軸となる確固たる哲学や信念がなければ，さまざまな困難や抵抗にも屈しない強い意志をもつことはできないであろう．現在そして将来にわたってベンチャービジネスには，これらの姿勢や思想は継続して必要であり，その形成する基盤を持ち続ける視点で戦略的決定をしなければならない．

戦略的決定を通じて提示された経営戦略は，企業行動を具体的に導くための決定ルールであり，それに従って推進していかなければならない．まさに，ベンチャービジネスにおける戦略的決定は，創業者が新たな可能性を創り出し，新たな企業を起こし，新たな活動をするために，あえてリスクに勇敢にチャレンジしているベンチャー企業にとって重要な意味をもっている．

4. 企業姿勢と価値観

近年，企業はIT（Information Technology）の活用や規制緩和によってベンチャービジネスを創出する機会に恵まれており，あらゆるビジネス・モデルが塗り替えられようとしている．ベンチャービジネスの本質は，企業の経営理念と経営戦略との関係，そして企業を取り巻く内外の諸条件によって，多かれ少なかれ左右されることがある．ベンチャービジネスを創造する価値観，基本的な対応姿勢は，「製品技術」「販売推進」「顧客満足」および「社会環境」の4つの志向型に分けることができる（図表7-4）．

(1) 製品技術志向型（production technological oriented type）

企業は，はじめに製品ありきで，ベンチャービジネスの創造，利益の源泉は生産力および技術力にあり，良いものを作れば売れるという価値観が優先している．すなわち，製品の研究開発力，生産技術の高水準，最先端の生産方式などを所持していることにより，技術や生産面を重視する姿勢である．このため，研究開発や製造業を主体にしているベンチャービジネスでは，自らが開発した研究・技術に惚れ込んでしまい，消費者の使い勝手や市場性を疎かにして市場

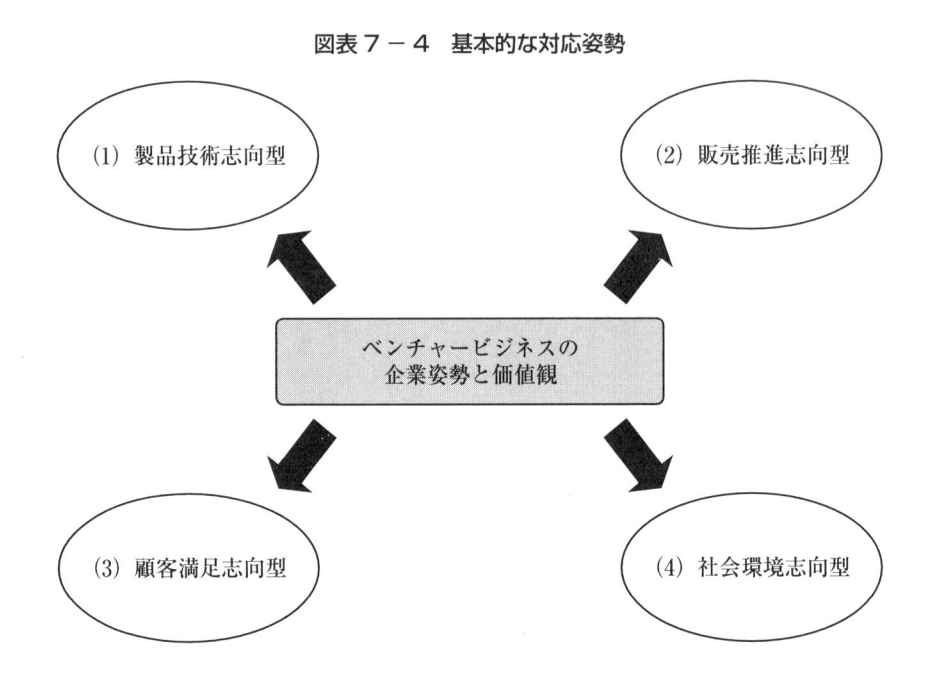

図表７−４　基本的な対応姿勢

```
(1) 製品技術志向型        (2) 販売推進志向型

            ベンチャービジネスの
            企業姿勢と価値観

(3) 顧客満足志向型        (4) 社会環境志向型
```

で失敗することがあるので，その点に注意する必要があるだろう．

(2) 販売推進志向型（sales promotion oriented type）

　企業は，利益の源泉は販売力にあり，とくにベンチャービジネスにとって，売上高こそ企業の力を表す重要な評価基準であるという価値観をもっている．すなわち，販売拠点，営業現場を競合他社より優位に保つ必要性から，日頃から店舗運営管理の強化，販売員教育の徹底，実効性のあるプロモーション活動の増強などを通して，売上高の推進に重点を置く姿勢である．このため，店舗の地の利や販売員の個人差によって売上高が大きく左右されたり，売上至上主義に走ってしまい，真の消費者ニーズがみえにくくなることがあるので，その点に注意する必要があるだろう．

(3) 顧客満足志向型 (customer satisfaction oriented type)

　企業は，顧客への満足を提供することを通して，顧客の創造と保持がベンチャービジネスの存立条件であるという価値観を有する．すなわち，いかに競合他社より効率的で効果的に顧客のニーズやウォンツを発見し，充足することで顧客に満足感を与えるかに力点を置いているのである．顧客の創造を成し遂げるため，品質，アイデア，安全性，利便性，サービスなどに努力を傾注する姿勢である．このため，顧客は商品という物体を求めるのではなく，その商品がもっている価値を求めている点に注意する必要があるだろう．

(4) 社会環境志向型 (society environment oriented type)

　企業は，社会的ニーズ，環境保全，省資源および資源リサイクルに重点を置きながら，顧客価値の創造とその満足化をいかにして得るかを提唱し，社会全体の利益や福祉の向上，環境問題の解決などを目的とした価値観を有する．すなわち，現代の企業には新世紀における社会のニーズに対応した事業を創造することが真剣に求められており，公害や環境問題などに十分な配慮をしつつ社会的責任を果たすことが，ベンチャービジネスの存続・発展にとって不可欠な要素であるという姿勢である．このため，企業の経営理念や経営戦略にも深く関わることなので，社会との調和を図りながら，ベンチャービジネスを創造する必要があるだろう．

　このように，企業がとる経営姿勢は，企業がどのような「志向型」をもって消費者と対峙しているのかを明確にし，その「志向型」に向かって企業行動をしているか否かを推し量るための重要な判断基準を提供する．ベンチャービジネスは，自らの存在位置を確認し，自己評価しながら，社会に対して何をもって寄与できるのかという新しい役割と新しい存在価値を忘れてはならない．したがって，ベンチャービジネスの場合には，企業がとる経営姿勢を具体的に表現し，それを実行する行動がとくに求められる．

演・習・問・題

問1　ベンチャービジネスの事業計画化について述べなさい．
問2　研究開発型ベンチャービジネスの経営課題を4つあげて，簡単に説明しなさい．
問3　ベンチャービジネスの「小さく生んで大きく育てる」考え方と経営戦略の関係について，あなたの意見を述べなさい．

参考文献

Ansoff, H. I. (1965) *Corporate Strategy*, McGraw-Hill.
Chandler, A. D. Jr. (1962) *Strategy and Structure*, The MIT Press.
百瀬恵夫 (1985)『日本のベンチャービジネス』白桃書房
大沢武志 (2004)『経営者の条件』岩波書店
斎藤毅憲編著 (2000)『経営学を楽しく学ぶ』中央経済社

《推薦図書》

1. 大沢武志 (2004)『経営者の条件』岩波書店
   現代の企業経営者に焦点をあて，さまざまな角度からその条件を探る．
2. 遠藤功 (2005)『企業経営入門』日本経済新聞社
   企業経営に関する基本的な知識を体系的，かつコンパクトに解説．
3. 岸川善光 (2004)『ベンチャービジネス要論』同文舘
   理論と実践の融合を，内外における研究成果をもとに論述．
4. 藤芳誠一 (1999)『ビジュアル基本経営学』学文社
   経営理論をわかりやすく図解．
5. 松田修一 (2004)『ベンチャー企業』日本経済新聞社
   ベンチャー企業の全体像を，起業家の特徴から法律問題まで幅広く解説．
6. 百瀬恵夫・梶原豊編著 (2002)『ネットワーク社会の経営学』白桃書房
   新たな時代の経営活動について，種々の組織体について，新たな視点で考察．

第8章の要約

　ベンチャービジネスを成功させるために，企業が推進すべきマーケティング戦略は，顧客ニーズを感じ取り，もっとも便利性の高い方法で応えることである．ベンチャービジネスの対市場活動を進める場合には，市場細分化と製品差別化の視点からマーケティング戦略が考えられる．また，限られた経営資源を効率的，効果的に配分するツールとして，プロダクト・ポートフォリオを活用することができる．さらにベンチャービジネスが多様化，個性化する顧客ニーズに応えるためには，ITを活用した新しいマーケティング手法の導入が必要である．

第8章　ベンチャービジネスのマーケティング戦略

1. 事業機会のマーケティング戦略

　ベンチャービジネスにおける企業の事業戦略は，企業が所有している経営資源を何に向けて投入していくかが重要であり，その結果として，市場での企業間格差が生じてくると考えられる．すなわち，どのようなモノづくりをするのか，どのような新事業を立ち上げるのか，さらには市場でどのようなマーケティングを展開するのかなど，その企業における創造性が大きな影響力を及ぼすことになる．マッカーシー（MacCarthy, E. J., 1975）は，顧客を満足させ，企業目標を達成するためのマーケティング活動とは，適正な製品を開発し，適正な場所で適正なプロモーションを行い，適正な価格で顧客に提供することであると述べている．いわゆる，(1) 製品（Product），(2) 場所（Place），(3) プロモーション（Promotion），(4) 価格（Price）のそれぞれの英頭文字を取った4P説である．それは，消費者を4Pの中心に置き，この組み合わせによって市場ごとに異なったマーケティング・ミックス（marketing mix）を働きかけ，価値を生み出し，需要を創造することが大切であるといわれている．

　また，レイザー（Lazer, W., 1971：17）は，マーケティング・ミックスの代表的な要素として，(1) 製品およびサービス（service）・ミックス（ブランド，価格，サービス，保証，デザインなど），(2) ディストリビューション（distribution）・ミックス（物流，保管，流通経路など），(3) コミュニケーション（communication）・ミックス（広告，人的販売，ディスプレイ，マーチャンダイジング，販売促進など）の3つであると指摘している（図表8－1）．これらの要素は，マーケティング活動をより効果的に推進していくための手段として重要であり，有機的に組み合わせることが求められている．

　ところで，市場でベンチャービジネスを展開するにあたり，ITの進展とそれに伴うネットワークの活用は，企業と消費者の関係を変え，市場や販売システムに変革をもたらし，さらにはグローバリゼーション（globalization）に拍

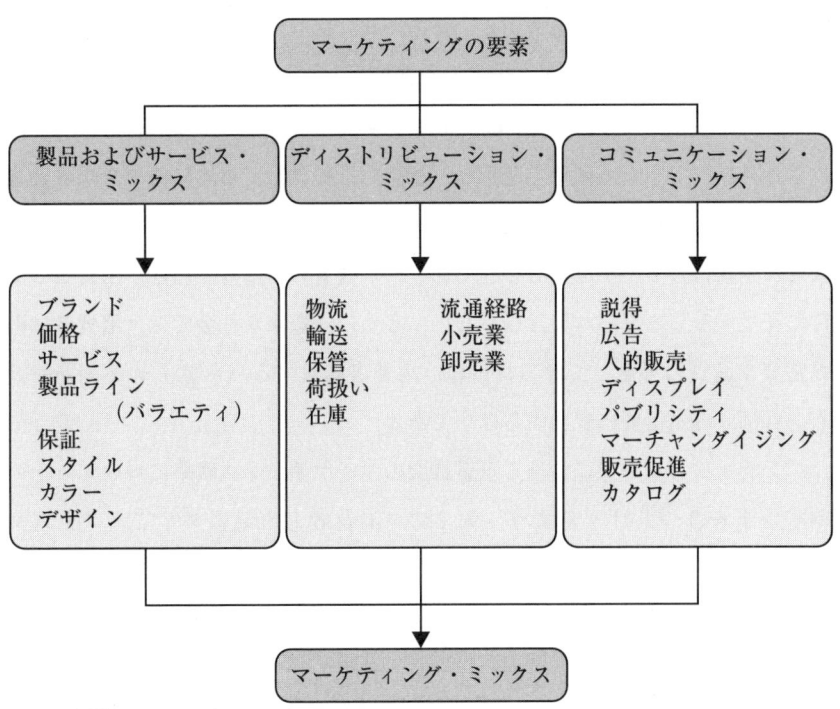

図表8-1 マーケティング・ミックス

```
                    マーケティングの要素
        ┌──────────────┼──────────────┐
  製品およびサービス・   ディストリビューション・   コミュニケーション・
     ミックス              ミックス              ミックス
```

製品およびサービス・ミックス	ディストリビューション・ミックス	コミュニケーション・ミックス
ブランド 価格 サービス 製品ライン 　　（バラエティ） 保証 スタイル カラー デザイン	物流　　流通経路 輸送　　小売業 保管　　卸売業 荷扱い 在庫	説得 広告 人的販売 ディスプレイ パブリシティ マーチャンダイジング 販売促進 カタログ

マーケティング・ミックス

出所）Lazer, W.（1971：17）

車をかけ，国境を越えた生産・販売活動を可能にしており，企業のマーケティング活動に大きな変化を与える契機となっている．

　今日のデジタル（digital）化が進む時代では，企業の思考様式や消費者の生活様式自体を問い直すことが求められており，それをベンチャービジネスと結びつける新しい発想が必要とされている．今や消費者は，企業の情報を把握し，企業に情報を与え，企業と情報を交換する存在となっており，今後は，少なくとも消費者と対等の立場，あるいは消費者の方が優位な立場であることを前提としてマーケティングを考えるべきであろう（新谷，2000：23）．すなわち，ベンチャービジネスを成功させるために，企業が推進すべきマーケティング戦略は，顧客ニーズを感じとり，もっとも利便性の高い方法で応えることであり，

消費者が最小限の時間とエネルギーで，その商品やサービスを探し，注文し，受け取れるようにすることである．そのためには，卓越した情報システムを構築し，他社を凌ぐ精度の高い情報力を武器にして，今まで有用だったスキル（skill）やコンピテンシー（competency）とのコラボレーション（collaboration）による枠組みの中から価値を発掘し，創造し，提供して市場に新風を吹き込まなければならない（Kotler, P. J. et al., 邦訳，2002：10-11）．いつの時代でも消費者は企業にとって不可欠な存在であり，消費者の声に耳を傾け，消費者の期待に充足することを忘れてはならない．とくに，豊かな社会では，消費者は潜在需要や購買力をもっているだけに，消費者に対するベネフィット（benefit）があれば，有効需要に変化するはずである．

　ベンチャービジネスにおける事業機会のマーケティング戦略について，そのポイントを3つあげてみよう．第1に，消費者と市場に対して，アナログ（analog）時代に培われてきた知恵や技能などを一方的に消滅させたり否定するのではなく，活用できる点は積極的に活用することである．第2に，それに加えて，電子メール，Webサービスなど，各種インターネットによる情報ネットワークを使いこなすことによって，新たな戦略的資産を構築することが重要である．そして，第3に，既存のノウハウとITを活用してコラボレーションを発揮させることによって，企業に有利な事業機会を演出することが可能となる．言い換えれば，アナログ・パラダイムとデジタル・パラダイムの両方が保持しているエクイティ（equity）を最有効裡に融合化させ，相乗効果（joint effect）を高めることで無駄を最小限に抑え，柔軟性を最大限に活用し，その恩恵を享受できる事業活動を展開することが不可欠である（図表8-2）．さらに自社の強み弱みを客観的に把握し，新しい価値に着目した需要創造や顧客創造を追求する，きめ細かなマーケティング戦略を採用することが成功の鍵といえるだろう．

図表8－2　事業機会のマーケティング戦略

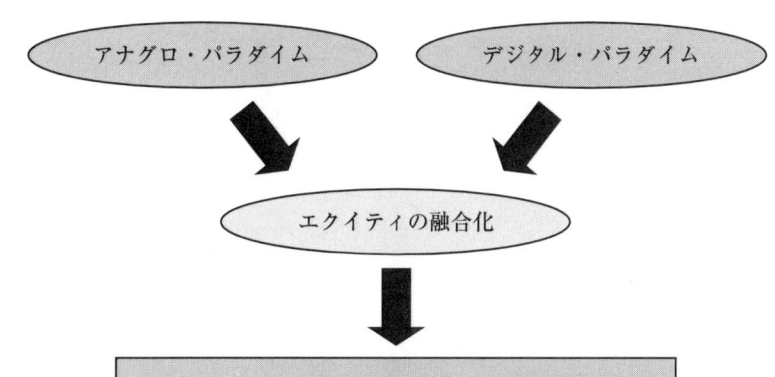

```
アナグロ・パラダイム      デジタル・パラダイム
           ↓         ↓
        エクイティの融合化
              ↓
┌─────────────────────────────────┐
│ 1  アナログ時代に培われた知識・技能の活用      │
│ 2  インターネットによる情報ネットワークの構築   │
│ 3  既存のノウハウとITのコラボレーションの発揮 │
└─────────────────────────────────┘
```

2. 市場細分化と製品差別化の戦略

　企業がベンチャービジネスの対市場活動を進める場合には，市場を重視するか，あるいは製品を重視するかのいずれかを考慮しなければならず，このどちらかの視点を明確にしたマーケティング戦略が取られることになる．スミス (Smith, W. R., 1956：3-8) は，企業の市場と製品の位置づけに関して，新事業，新製品が市場に新参入する際，個々の市場に提供される製品特徴は極力制約されたものが望ましく，また製品差別化は，市場細分化の区分によって推測することができるという考え方を述べており，具体的には，市場特性に焦点をあてた，①市場細分化戦略と，製品特徴に焦点をあてた，②製品差別化戦略の2つに大きく分類している．

(1) 市場細分化戦略（market segmentation strategy）

　この戦略は，単純に全体市場を対象とするのではなく，市場を個性的，多様的なニーズやウォンツをもった消費者で構成されている異質的なものとしてとらえることを前提条件としている．このため，何らかの細分化基準を活用して，

図表8－3 市場細分化の基準

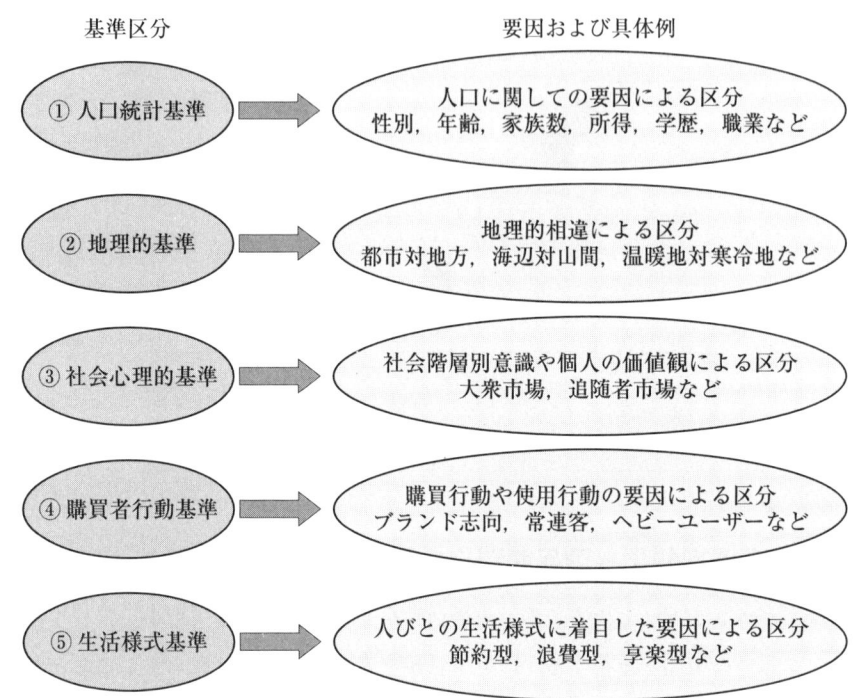

基準区分	要因および具体例
① 人口統計基準	人口に関しての要因による区分 性別，年齢，家族数，所得，学歴，職業など
② 地理的基準	地理的相違による区分 都市対地方，海辺対山間，温暖地対寒冷地など
③ 社会心理的基準	社会階層別意識や個人の価値観による区分 大衆市場，追随者市場など
④ 購買者行動基準	購買行動や使用行動の要因による区分 ブランド志向，常連客，ヘビーユーザーなど
⑤ 生活様式基準	人びとの生活様式に着目した要因による区分 節約型，浪費型，享楽型など

出所）宮原義友監修（1993：39-40）より一部加筆

複数の同質的な市場に区分し，選別化された市場区分ごとに，自社に有利で効率的活動が可能な，もっとも適切なマーケティング戦略を展開することである（図表8－3）．また，市場細分化戦略の特徴は，市場に焦点をあててある程度まで市場を絞り込むことを重要視し，さらに顧客満足を志向することから，低圧的マーケティング（low pressure marketing）といわれている（宮原，1993：37-41，宮原，2000：34-37）．企業がベンチャービジネスを展開するには，どの市場分野に参入し，競争するのかを決定することは重要である．たとえば，市場規模が大きく，成長性が見込まれる市場は，多数のライバル企業が参入してくることが予想される．そのため，自社が自らの力で市場を創造できるか，あるいは市場で競争する際，どの程度の力を自社が所持しているのかを認識する

ことが大切である.

(2) 製品差別化戦略 (product differentiation strategy)

　この戦略は，同質的な市場において自社製品に他社製品にはない何らかの特色を付けることによって，独自の強みを明確に打ち出すことが前提条件である．企業が製品の差別化を発揮することで，同質的な市場において他社との価格競争を回避し，競争上の差別的有利性を確保し，特定の消費者層を獲得する戦略である．この戦略は，市場のニーズやウォンツを最重点に考えることより，企業行動の視野に立った製品の特徴づけを行う差別化の方策である（図表8－4）．さらに製品の差別化を市場で強力にプロモートすることで，消費者需要に影響を与えることから，高圧的マーケティング（high pressure marketing）といわれている．企業がベンチャービジネスとして未知数の市場に参入する際には，ある領域に特化した製品，他社では真似のできないオリジナリティーの高い製品を提供する必要性がある．そして，市場において，他社の製品に対抗して，自社製品の特性が消費者に認識され，自社製品に対する優位性の利点が確立されることが重要である．

図表8－4　製品差別化の方策

① 機能別差別化	→	性能，機能，品質および効用・成分などの相違
② 心理的差別化	→	製品がもっている固有の性能や品質等よりもブランド，スタイル，デザイン，サービスなどに重きを置いた視点
③ 企業的差別化	→	直営店専用品，百貨店専用品，地域または地区1店舗限定販売品等，企業の論理による製品・販売先の絞り込み

3. プロダクト・ポートフォリオ・マネジメントの戦略

　企業のベンチャービジネスでは、限られた経営資源をいかに効果的に配分し、複数の製品や事業から企業にとって最適な組み合わせを実現するかが重要な課題になる。プロダクト・ポートフォリオ・マネジメント（PPM = product portfolio management）は、第1に、製品にはライフサイクルがあること、そして第2に、ある製品の累積生産量と単位当たりコスト低減との関係を示した経験曲線（experience curve）効果が存在すること、という2つの前提条件を基礎として考えられた理論である。とくに、経験曲線は、ボストン・コンサルティング・グループ（Boston Consulting Group）が実証的研究によって発見したものである。それは「製品の累積生産量が2倍になると、単位当たりコストは20〜30%低減する」という経験則で、これによって得られる効果を経験曲線効果とよんでいる。たとえば、累積生産量が8倍になると単位当たりコストは0.51となり約半分に低減する。競争他社より大きな累積生産量を手に入れることにより競争上の優位性を得ることができる。すなわち、製品市場においてもっとも高い市場占有率をもつ企業ほど、最小のコストで生産することが可能であり、最大の利益をもたらす機会があるということである。

　PPMとは、現在、市場で展開している製品の成長性と競争上の相対的な位置づけを把握するため、市場成長率（製品のライフサイクルがどの段階にあるかを示す）をタテ軸でとらえ、相対的市場占有率（累積生産量の大小を競争企業との関係で示す）をヨコ軸でとらえ、2次元からなるマトリックスを作成し、自社製品を4つの象限に位置づけたものである（岡本、1996：218）。ベンチャービジネスとっては、各位置での資金流出量・流入量を考察しつつ、どの製品が自社には有望であり、投資を積極的にするべきであるか、あるいはどの製品が自社にとって資金流入量が大きいのかを検討し、さらに各位置では、どのようなマーケティング戦略が必要であるかを押えておく必要がある（図表8−5）。

図表8−5　プロダクト・ポートフォリオ

	相対的市場占有率　高 ← → 低	
市場成長率　高	(1) 花形製品 (Stars) (大／大)	(3) 問題児 (Problem children) (大／小)
市場成長率　低	(2) 金のなる木 (Cash cows) (小／大)	(4) 負け犬 (Dogs) (小／小)

（横軸中央：1.0）

注）　大／小の表示は，左が資金流出量，右が資金流入量を指す．
出所）ジェームス・C・アベグレン，ボストン・コンサルティング・グループ編著（1977：71）
　　　一部加筆

① 花形製品：市場成長率および市場占有率が高い製品である．ⓐ資金流入量は大きいが，一方で資金流出量も大きい，ⓑ収益力は高い，ⓒこの製品を「金のなる木」へ育成することが重要である．企業にとっては，一日も早く余り手の掛らない売れ筋製品に育てるマーケティング戦略が必要である．たとえば，消費者に対して自社製品のブランド知名度を一気に上げることを狙って，テレビ・スポットを集中的に使用する作戦を取ったり，その製品のシリーズ化に力を入れバラエティーに富んだ製品の取り揃えをしたり，あるいは販売店に対する推奨販売の仕掛けづくりなどが考えられる．このように，直接的，間接的に有効な販売促進策を提案し，市場でナンバー・ワンの地位を手に入れる戦略が求められる．

② 金のなる木：市場成長率は低いが，市場占有率は高い製品である．ⓐそれほど資金流出量を必要としない，ⓑ収益力は高い，ⓒ資金流入量が大きく，企業の主要な資金源である．市場では，トップ・ブランドに位置してい

る場合が多く，安定した収益があり企業のドル箱的な製品となっている．このためマーケティング戦略は，製品の陳腐化に注意しながら消費者に対して常に確実な需要を創造する活動が必要である．たとえば，ある製品分野では，その製品のキャッチフレーズなどが消費者によく浸透しているため，知名度や信頼度が飛び抜けており，指名買いの高いブランドとなっていることが条件である．

③　問題児：市場成長率は高いが，市場占有率は低い製品である．ⓐ資金流出量の要請は大きい，ⓑ収益力は低い，ⓒこの製品を「花形製品」へ育成することが課題とされる．市場および製品に将来性があり，魅力的であるため，新事業として成長させるマーケティング戦略が必要である．たとえば，サンプリング，コンテスト，スタンプ，ノベルティ，セールス・ショーなどで，いかに消費者に関心をもってもらうかが重要である．そのためには，市場におけるライバル企業の強みと弱みを分析して，他社がもっていないオリジナリティーのある訴求ポイントを開発し，それを武器に消費者を刺激する活動が望まれる．

④　負け犬：市場占有率および市場成長率の双方とも低い製品である．ⓐ資金流出量は少ない，ⓑ収益力が低い，ⓒ低成長しか望めないので，早く整理・撤退すべきである．企業は，製品の市場適応度や競争力が弱いため，一般的に赤字が出はじめたら製造中止や販売中止が取られやすい．しかし，企業の製品戦略上において，この製品に見合う収益が確保できるマーケティング戦略を考えることも必要である．たとえば，製品の販売チャネルを変更して新たなルートで展開したり，あるいは自社ブランドでの製造・販売を断念して，他社ブランドのOEM（original equipment manufacturing）を行うことによって相手先メーカーのマーケティング力に依存して生き残る方法などが考えられる．

創業者として，ベンチャービジネスに求められているのは，「起業」して「企業」として成長し，発展させていくために，市場において「金のなる木」や「花形製品」をできるだけ早く所持することである．しかし，すべての製品

が「金のなる木」になったら，企業の成長は望めなくなるし，すべての製品を「花形製品」にすることもなかなか容易ではない．市場での地位を確保するため，それに伴う資金配分やマーケティング戦略が必要であり，その予備軍である「問題児」に対する見極めは大変重要視される．すなわち，企業は「金のなる木」から生み出す資金を使用して，新たなる「金のなる木」を育成することができるかが課題である．言い換えれば，ベンチャービジネスは，PPMを活用することによって，企業が所持している経営資源を社内の事業間分野で効率的，効果的に配分し，環境変化に対応したマーケティング戦略を推進する根拠となるだろう．

4. マーケティング戦略の潮流

　今日におけるマーケティング戦略の潮流は，経済・社会の変化に伴い大量消費社会から情報化社会に対応した戦略を生み出すことが望まれる．とくに，ITの活用は，ベンチャービジネスだけでなく消費者にも影響を及ぼしており，マーケティングを従来のマス・マーケット（mass market）の視点でとらえるのではなく，新たなマーケット・オブ・ワン（market of one）の視点でとらえることが求められている．デジタル化された時代のマーケティングでは，市場や顧客（消費者）の動きそのものの中から「製品の買い手を探す」ことから「買い手に合った製品を探す」ことへと，創造的に変化させることが重要である（Kotler et al., 邦訳, 2002：26）．

　ベンチャービジネスが多様化，個性化する顧客ニーズに応えるためには，リレーションシップ（relationship）・マーケティングやCRM（customer relationship management），あるいはワン・トゥ・ワン（one to one）・マーケティングなどの新しい手法の導入が必要である．たとえば，CRMは，ITの活用によって企業と顧客との良好な関係を長期にわたって構築していこうとするものである．具体的には，顧客のお買上品状況などに関する情報を集約し，データベース（data base）化し，一元管理することによって，これをマーケ

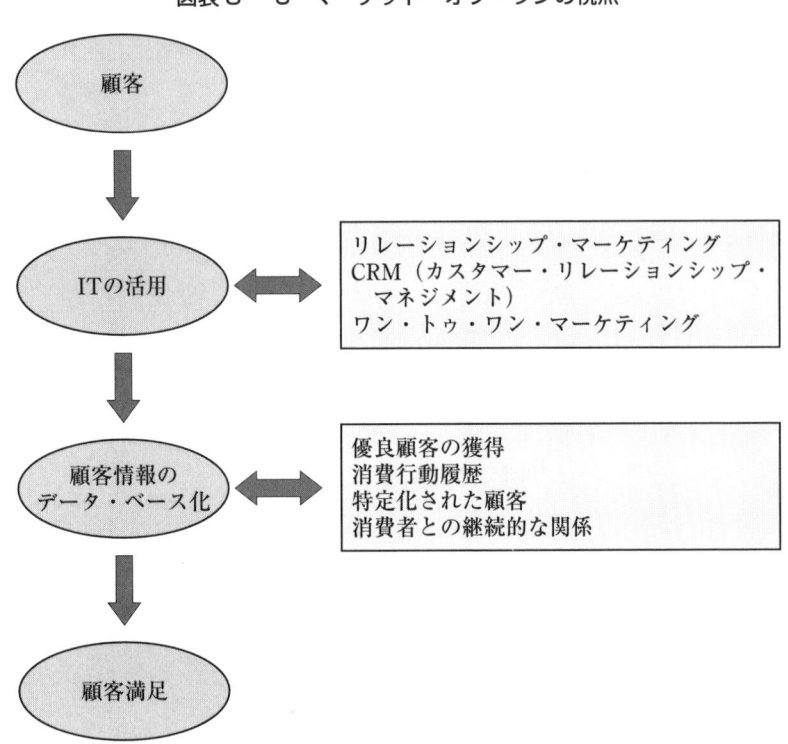

図表8－6　マーケット・オブ・ワンの視点

```
       顧客
        ↓
     ITの活用  ←→  リレーションシップ・マーケティング
        ↓          CRM（カスタマー・リレーションシップ・
                     マネジメント）
                   ワン・トゥ・ワン・マーケティング

   顧客情報の    ←→  優良顧客の獲得
   データ・ベース化   消費行動履歴
        ↓          特定化された顧客
                   消費者との継続的な関係
      顧客満足
```

ティング活動に反映させ，顧客満足度を高めることで優良顧客を獲得，育成，維持しようとすることが狙いである．すなわち，リピーターとなる優良顧客の存在は，ベンチャービジネスを展開している企業にとって貴重な財産であり，収益性向上に結びつくことは明らかである．その意味でも優良顧客との密接なリレーションシップの強化は重要であり，これからの時代における新しいビジネス・スタイルのひとつであるといえよう．

　さらに，ワン・トゥ・ワン・マーケティングとは，ITを駆使して主に優良顧客の消費行動履歴をデータ・ベース化し，それぞれが求める特定ニーズに対応するため，顧客ごとに異なるページを表示して情報を提供したり，顧客ごとに異なる製品やサービスの提案などを行うことである．言い換えれば，既存顧客に対して展開している企業のマーケティング活動をさらに一歩押し進め，コ

ミュニケーションを図りながら，個々の顧客データを蓄積し，個客対応の関係に変化させることである．顧客ごとにカスタマイズ（customize）させていくことで，特定化された個客として，継続的な関係を確立することが可能となり，効率的に顧客基盤の価値を高めるためには，きわめて有効な実践手法であると考えられる（図表 8-6）．

ところで，顧客と企業とが密接な関係を形成する道は，相互が価値観を共有し，共感を示すことが必要であり，そこから信頼関係が芽生えるはずである．その原点は，顧客の満足にあると位置づけられるべきであり，製品という物体ではなく，製品がもっている価値に関して，その製品を使用することによって顧客が得ることができる満足感や充実感であり，近年，顧客満足（CS＝customer satisfaction）という言葉が盛んに使われ始めている．すなわち，顧客満足とは顧客が描いている価値のニーズを探り，その価値に合致する製品およびサービスを提供することによって，顧客が満足を得ることができるマーケティング戦略であるといえよう．当然，これはベンチャービジネスの存続・成長を前提条件として成立しなければならず，顧客の視点や立場で企業を見直すことができる活動が重要視されている．

演・習・問・題

問 1　消費財マーケティングと生産財マーケティングの相違点を考えなさい．
問 2　ベンチャービジネスにとって，新製品開発が重要視される理由を述べなさい．
問 3　ベンチャービジネスが戦略計画を策定するにあたって，ポートフォリオ分析の意義について論じなさい．

参考文献

Kotler, P., Jain, D. C. and S. Masesincee (2002) *Marketing Mores*, Harvard Business School Press.（有賀裕子訳『コトラー　新・マーケティング原論』翔泳社，2002 年）

Lazer, W.（1971）*Marketing Management, A Systems Perspective*, John Wiley & Sons, Inc.

McCarthy, E. J.（1975）*Basic Marketing*, 5th ed., Richard D. Irwin, Inc.

Smith. W. R.（1956）Product Differentiation and Market Segmentation as Alternative Marketing Strategies, *Journal of Marketing*, July.

アベグレン，J. C., ボストン・コンサルティング・グループ編著（1977）『ポートフォリ戦略』プレジデント社

宮原義友監修（1993）『企業・製品の戦略』産能大学

宮原義友編著（2000）『マーケティング入門Q&A』同文舘

岡本康雄編（1996）『現代経営学辞典』同文舘

新谷文夫（2000）『図解IT経営』東洋経済新報社

――――――――《推薦図書》――――――――

1. 小原博（2004）『基礎コースマーケティング（第2版）』新世社
    マーケティングの理論と実務の発展について，その全体像を理解．
2. 金井一頼・角田隆太郎（2004）『ベンチャー企業経営論』有斐閣
    戦略やマーケティング，ファイナスなどについて，多様な現象を分析．
3. 原田保・三浦俊彦（2002）『eマーケティングの戦略原理』有斐閣
    ネット時代に対応するビジネスモデルとマーケティングの戦略の融合．
4. 百瀬恵夫・篠原勲編著（2003）『新事業創造論』東洋経済新報社
    新事業創造の意義やマーケティング戦略，アメリカのベンチャー企業について詳説．

第IV部
ベンチャービジネスとインフラ

- 第Ⅰ部　現代社会とベンチャービジネス
- 第Ⅱ部　起業家とベンチャー企業経営者
- 第Ⅲ部　ベンチャービジネスのマネジメント
- 第Ⅳ部　ベンチャービジネスとインフラ
  - 第9章　ベンチャービジネスの制度インフラ
  - 第10章　ベンチャーキャピタルの課題
  - 第11章　ベンチャービジネスの日米比較
- 第Ⅴ部　ベンチャービジネスの育成と支援

ベンチャービジネス
ベンチャリング

第9章の要約

　中小企業基本法によって，弱者救済をその基本性格とする旨規定されてきた日本の中小企業政策に，ベンチャービジネスの概念が導入されたのは1970年代半ばであり，研究開発型および知識融合型の中小企業の振興が叫ばれた．1980年代には，ベンチャービジネスを支える制度インフラの整備がはじまり，ベンチャーキャピタルに関する制度と，主として小規模な企業向けの株式市場である店頭市場の改革が進められた．

　日本でベンチャー企業への振興策が本格的に拡大されたのは，1990年代半ば，アメリカでベンチャー企業に主導された先端技術ベースの起業活動が活発化する一方で，日本では長期デフレと産業空洞化による経済活力の喪失が問題とされる状況下においてであった．1995年前後から，ベンチャービジネス支援の公的支援制度は多様化し，起業環境整備と成長促進を目指した施策，金融面での支援効果を狙った施策，経営サポート面での施策の各種施策が試みられている．

　ベンチャー企業の支援インフラとしては，インキュベーターが欠かせない．インキュベーターは，資金力やビジネスノウハウに乏しい創業間もない企業に対し，活動スペースを賃貸し，経営管理上の助言を行い，企業の成長を促す施設である．日本でも，県や市が運営するものを中心に，いくつかの試みが継続されている．

　政府のベンチャービジネス支援プログラムは，民間の起業意欲と，支援専門家のネットワークがあってこそ機能するものであり，この点に注意が必要である．

第9章 ベンチャービジネスの制度インフラ

1. ベンチャービジネス以前

「わが国の企業は，決定的に重要な岐路にたっている．ここで今，企業組織が新しい環境にどのような対応の仕方をするかにより，今後数十年間のわが国の経済システムが，良い方向にいくか悪い方向にいくかが決定づけられるだろう．もし企業組織が，従来どおりの運営しかされないのであれば，われわれの産業の能力は現状維持がせいぜいであり，悪くすると，どんどん競争力を失い続けるだろう……」．1983年に出版された『チェンジマスターズ』で，著者カンター（Kanter, R. M., 1983：61-62）はこのような趣旨を繰り返し述べている．

これは，1970年代から80年代初めにかけて明らかになった，アメリカ経済の国際競争力喪失という現実を目の当たりにして著者が鳴らした，アメリカよ変われという警鐘であった．アメリカの大企業は，このままでは新興工業国日本の大企業に勝てない．企業を取り巻く環境はダイナミックに変化している．それに対応できるのは起業家的企業だ．大企業も，柔軟で，発想豊かで，リスクに挑戦できる組織と経営手法に変えよ．そして企業内ベンチャービジネスを活発化せよ，と．

それから10年後，1990年代半ばの日米経済は立場が逆転した．アメリカが多くのベンチャー企業の活動によって経済活力を取り戻し，情報通信などの新産業分野で世界の最先端に位置するにいたった一方，日本では，バブル崩壊後のデフレ経済と，低コスト国への産業移転，空洞化が深刻化し，経済を再活性化するためには，アメリカにならってベンチャービジネスを振興する必要があると，声高に叫ばれるようになった．ベンチャービジネス支援のための公的な制度を整備し，あわせて民間が行うベンチャービジネス育成活動を活発化させるための諸政策が，日本で頻繁に発表，実施されはじめたのは，この頃，すなわち1990年代半ばといってよい．

こうした諸政策によって形づくられた，ベンチャー企業の起業，成長，発展

第9章　ベンチャービジネスの制度インフラ

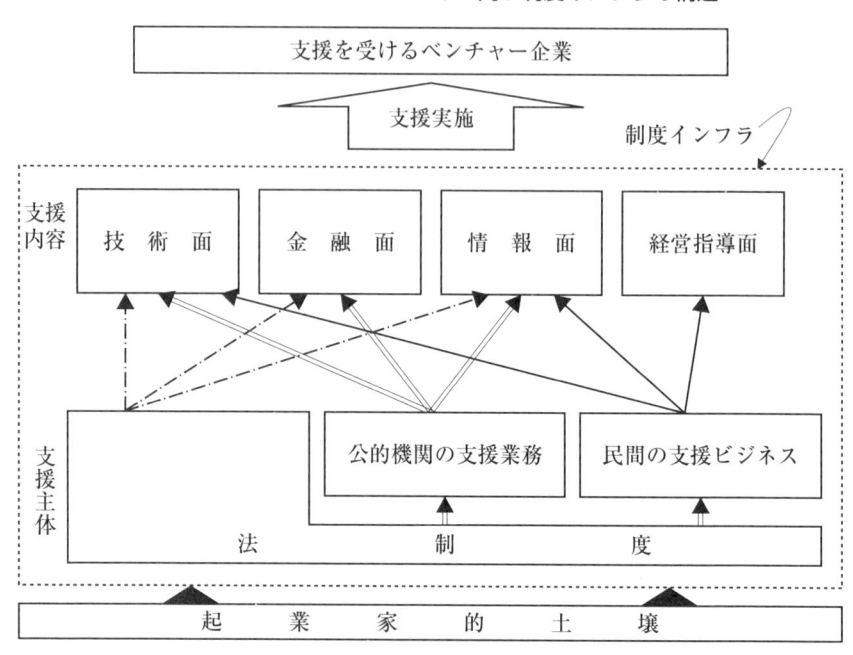

図表9－1　ベンチャービジネス向け制度インフラの構造

```
           ┌──────────────────────────┐
           │  支援を受けるベンチャー企業  │
           └──────────────────────────┘
                      ↑ 支援実施
    ┌ ─ ─ ─ ─ ─ ─ ─ ─ ─ ─ ─ ─ ─ ─ ─ ─ ─ ─ ─ ─ 制度インフラ
    │  ┌──────┐ ┌──────┐ ┌──────┐ ┌────────┐  │
 支援│  │技術面│ │金融面│ │情報面│ │経営指導面│  │
 内容│  └──────┘ └──────┘ └──────┘ └────────┘  │
    │              ↑                           │
    │   ┌────────────┐ ┌──────────────┐       │
 支援│   │公的機関の支援業務│ │民間の支援ビジネス│  │
 主体│   └────────────┘ └──────────────┘       │
    │   ┌──────────────────────────────┐     │
    │   │        法    制    度         │     │
    │   └──────────────────────────────┘     │
    └ ─ ─ ─ ─ ─ ─ ─ ─ ─ ─ ─ ─ ─ ─ ─ ─ ─ ─ ─ ─ ┘
           ┌──────────────────────────┐
           │      起　業　家　的　土　壌      │
           └──────────────────────────┘
```

を支えるための基盤は，誰にでも利用可能な公共財として，まさに制度的インフラストラクチュアとよぶことができるものである．制度インフラは，政府による支援関連法に基づいた諸制度，政府機関の支援業務，民間の支援・育成ビジネスなどの構成要素からなっており，さらにそれらが有機的に関連しながら，全体として効果的に働くための起業家的土壌によって支えられている．

　本章では，こうしたベンチャービジネスの制度インフラが，これまでいかに整えられ，現状どのレベルに達しているかを検討する．これにより，今後のわが国のベンチャー振興には何が必要かを理解できるはずである．なお本章の記述では，ベンチャービジネスという用語とベンチャー企業という用語を厳密に区別する必要がないことから，ほぼ同義として扱っている．

(1) 中小企業基本法

　ベンチャー企業が政策課題となるとき，政策当事者の問題意識にあるのは，成長し，成功を遂げたベンチャー企業への措置ではなく，主として，設立後間もない，いまだ小規模な企業群への対策である．その意味で，ベンチャー企業政策は，中小企業政策に含まれるもののようにみえるが，じつは両者は，2つの点で大きく異なることに注意しなければならない．

　第1に，前者は，ベンチャー企業という概念（それは，事業に何らかの革新性をもち，リスクをとりながらも急成長を指向する企業である）を設定し，その範疇に属する企業を選択的に対象とする政策であり，後者は，企業規模にのみ注目し，中小規模の企業すべてを対象とする政策であるということである．第2に，したがってベンチャー企業政策では，成長可能性を秘めた企業の潜在力をいかに発揮させるかが問題意識の中心となり，中小企業政策では，事業規模の小ささゆえにさまざまな脆弱性をもつ企業をいかに保護，救済するかが課題となる．

　日本の中小企業政策は，1963年に制定された「中小企業基本法」によって，その性格を規定されてきた．中小企業は弱者であり，社会的不公正の犠牲になりやすいという基本認識にたち，3つの点に目配りをすることをもって，政策の基本としてきたのである．すなわち，第1に，中小企業が，経済社会的制約を受けることによって被る不利益を是正すること，第2に，中小企業の自主的な努力を促すことで，大企業と中小企業の格差を緩和すること，そして第3に，中小企業の生産性および取引条件を向上するとともに，従業員の経済的，社会的地位の向上を目指すことである．ベンチャー企業という概念，いいかえれば中小，零細規模の事業も，そのありようによっては，国民経済にとって重要な価値と活力をもつという認識は，ここにはない．

(2) 中小企業投資育成法の制定

　弱者救済を基本とする中小企業基本法と同じ年に，中小企業の経営基盤強化

という趣旨で,「中小企業投資育成法」が成立したことは注目される.この法律に基づき,東京,大阪,名古屋それぞれに,中小企業の自己資本充実を促進するという目的で,中小企業投資育成会社が設立された.脆弱といわれる中小企業の経営基盤の中でも,財務面の弱さ,すなわち自己資本比率が低く,借り入れ依存度が高いという状況はとくに問題であり,これを少しでも緩和することを目指して,中小企業投資育成会社は,投資の形で中小企業の株式を取得し,自己資本を供給した.

中小企業投資育成法の趣旨は,資本市場から資金を調達することがむずかしいという,すべての中小企業に共通する弱点を強化しようとするものであり,中小企業基本法の視点と共通するものであった(松田,2000:29)うえ,中小企業投資育成会社の投資資金源は,財政投融資資金に依存したものであり,あくまでも公的な資金を用いた,安全性を重視する投資業務であった.しかし,こうした限界の範囲内とはいえ,中小企業に投資の形で資本金を供給するという,いわばベンチャーキャピタル業務を行う機関が誕生したことは,注目してよい.中小企業投資育成会社は,中小企業,なかでも自立意識と技術指向の強い,ベンチャー企業の萌芽のような中小企業にとっては,今までにないインフラがひとつ登場したという意味をもっていた.

2. ベンチャービジネスという概念の登場:1970年代

(1) VEC設立

1970年代には,中小企業の特殊型としてのベンチャービジネスという概念が,政策の中に登場する.1975年,政府は,主として債務保証と情報提供の2つの事業分野をもつ,財団法人「研究開発型企業育成センター」(Venture Enterprise Center = VEC)を設立した.VEC設立の目的は,中小企業に科学技術の新知識を普及させ,それを利用して,中小企業の中でも,とくに研究開発型および知識融合型の企業を振興しようというものであった.

VECの設置は,日本の中小企業政策を転換させる重要な要素を含んだ施策

であった．ここでは，政府が公式にベンチャービジネスという言葉を用いるなど，中小企業政策を，それまでの基本であった救済ではなく，新技術，新サービスを重視した企業の育成中心に移行していこうという意図が読み取れる．ベンチャービジネスという言葉は，VECの定義によれば研究開発型企業のことであり，「新しい技術（高度技術・独自技術）を武器として，自らの力で新規に市場を開拓していく若い中小・中堅企業であって，経営者が企業の社会的役割を認識し，積極的に経営を拡大しようという企業家精神を持っている企業」を指す（佐野，1983：62-63）．VEC設置は，政府の施策の中に，ベンチャー企業への支援が明らかに意識された最初の事例といえるものであった．

(2) 民間ベンチャーキャピタルの登場

1970年代に入って，日本でも民間のベンチャーキャピタルが設立されはじめた．この当時のベンチャーキャピタルは，アメリカから輸入したばかりの事業であり，言葉だけが先行した，実体に欠けるものであったといわざるをえず，その業務はベンチャー企業への融資が中心で，取引対象企業の自己資本充実を助けるものでは必ずしもなかったが，にもかかわらずそれは，ベンチャービジネス関連のインフラ整備という意味では，大きな出来事であったといえよう．なぜならばそれは，第1に，ベンチャー企業への資金供給を事業とする民間の金融機関が，曲がりなりにもわが国に出現したことを意味するからであり，第2に，ベンチャー企業という，従来型の中小企業とはちがう企業のイメージを，わが国で広く認知せしめるきっかけとなったからである．

3. 制度インフラ整備のはじまり：1980年代

1980年代では，ベンチャーキャピタル制度と店頭市場の改革が注目される．1980年代にはいってベンチャーキャピタルの設立はブームの様相をみせた．証券系，銀行系，生損保系などの設立が相次ぎ，先を争うようにして，投資先であるベンチャー企業の奪い合いがはじまった．このブームの重要な背景とし

第9章　ベンチャービジネスの制度インフラ

て，アメリカにならって新しく組合方式によるベンチャーファンドが登場したことが挙げられる．それまでの日本の民間ベンチャーキャピタルは，借入金の形で資金を調達しては，それをベンチャー企業への投資に向けていた．これはリスクが高すぎ，あるべき姿とはいえないものであったから，借入金ではなく，投資家からの資金を集めて投資を行うベンチャーファンドという仕組みは，ベンチャーキャピタルの投資活動を様変わりに活発化させ，その意味で，ベンチャービジネスのための重要な基盤インフラのひとつになった．

1980年代には，アメリカのNASDAQ市場を参考に，日本の店頭登録市場の整備が進んだことも，インフラの充実として重要な意味をもつものであった．同市場は公開基準が大幅に緩和され，社歴の短い，財務基盤が確立される以前の状況にあるベンチャー企業にも門戸が開かれた．ベンチャー企業にとって株式公開は成功の証であり，夢でもある．株式公開が実現できれば，資金面，人材面で有利に展開できるようになる．よって店頭登録市場の整備は，ベンチャービジネスにとっての大きな支援策となった．

4. 支援制度の多様化：1990年代以降

日本においてベンチャービジネスを支えるインフラが厚みを増してくるのは1990年代に入ってからであるが，とくに1995年前後からは，ベンチャービジネス支援を目的とした公的な支援制度の多様化が目立つようになっている．ここでは，当時の政府の取り組みのうち，主要なものについて，起業環境整備と成長促進を目指した施策，金融面での支援効果を狙った施策，経営サポート面での施策の3つに分けて追跡してみよう．

(1) 起業環境整備と成長促進を目指した施策
1) 法律の整備
① 中小企業の創造的事業活動の促進に関する臨時措置法（1995年）
この法律（通称創造法）は，起業計画をもつもの，創業間もない（5年以内）

ベンチャー企業，イノベーション活動を行う（試験研究費の対売上高比が3%超）中小企業などを対象とし，融資，債務保証，投資等の形で資金供給をはかるものであるが，中小規模の企業が新技術開発を進める努力に対し，直接的な金融サポートを行おうという姿勢は画期的なものであり，ベンチャービジネスの基盤インフラとして重要な法律であった．この法律は，その後次つぎと作られた，ベンチャービジネス支援に向けた法律の嚆矢となるものであった．

図表9-2　ベンチャー，中小企業，技術高度化に関する支援法制

施行年	略　称	法律の正式名称
1989	新規事業法	特定新規事業実施円滑化法
1993	新分野進出法	特定中小企業者の新聞や進出等による経済の構造的変化への適応の円滑化に関する臨時措置法
1995	創造法	中小企業の創造的事業活動の促進に関する臨時措置法
1995	事業革新法	特定事業者の事業革新の円滑化に関する臨時措置法
1998	新事業創出法	新事業創出促進法
1998	TLO法	大学等技術移転促進法
1999	産業活力法	産業活力再生特別措置法
1999	経営革新支援法	中小企業経営革新支援法
2000	競争力強化法	産業技術競争力強化法
2003	中小企業挑戦支援法	中小企業等が行う新たな事業活動の促進のための中小企業等協同組合法等の一部を改正する法律
2005	新事業促進法	中小企業新事業活動促進法

② 大学等技術移転促進法（1998年）

アメリカでは，多くの技術が大学に源を発する．大企業がライセンスを購入して製品化するケース，外部の起業家が大学の技術を買って事業化するケース，大学研究者が既存の企業と共同で事業を起こすケース，研究者や学生が直接自分の会社を立ち上げるケースなどがある．マサチューセッツ工科大学，スタンフォード大学などは，数多くの世界的なベンチャー企業を輩出した好例である．日本では，研究者の独立による起業はもちろん，大学から民間への技術移転そのものが少なかったため，政府は，大学技術の活用促進を目的に，「大学等技術移転促進法」を制定し，大学内の知的財産権や技術シーズを企業に斡旋する

ための機関,すなわち TLO (technology licensing organization) の設立をすすめようとした.法で承認された TLO になると,大学の施設を活用できるほか,産業基盤整備基金による助成金や債務保証が受けられる.大学に,産業界にとって魅力のある技術があれば,それを移転できるパイプが整った.

さらに,関連措置として政府は,1999 年の「産業活力再生特別措置法」で,政府資金による大学への委託研究の成果を事業化する場合に,それまでは委託元である国がもつとされた知的所有権を,受託した大学のものと認める措置をとり,また,2000 年には「産業技術競争力強化法」を制定し,国立大学教官の事業規制の緩和を行っている.

③ 改正中小企業基本法(1999 年)

弱者保護の精神を根本理念とする中小企業基本法は,2 度の改正を経て,1999 年に 3 度目の改正が行われた.これにより新たに,多様で活力ある,独立した中小企業の成長発展を促すため,経営の革新の促進,創業の促進,創造的な事業活動の促進のための施策を講ずることとされた(中小企業基本法第 12 条,13 条,14 条).

④ 中小企業新事業活動促進法(2005 年)

創造法の期限が切れたのを機会に,同法と,既存の「中小企業経営革新支援法」「新事業創出促進法」が統合されて,類似する法律と制度間の関係が簡潔化された.新法では,中小企業,大学,NPO など,多様な主体が連携して新たな商品やサービスを生み出すという,ネットワーク型融合が,これからの望ましい姿として描かれ,その実現を支援することが使命とされている.目新しい理念と制度を好む公的支援プログラムが,ベンチャービジネスの制度インフラとして,これまでより実効をあげうるか,注目される.

2) その他の環境整備策

① 商法改正によるストックオプション制度の導入(1997 年)

ベンチャー企業がもっとも切実に必要とする経営資源である資金については支援インフラが拡大してきたが,これとあわせ,人材強化策が求められるよう

になっていった．ストックオプションとは，企業が，その役員や従業員に自社株をあらかじめ定めた価格で買う権利（オプション）をあたえ，のちに企業が成長し，自社株が値上がりした時点で株式を売却して，利益を得ることができるようにする仕組みである．創業者はもとより，創業者以外の者も，事業が成功すれば同じように大きな利益を得る可能性があるため，すぐれた人材を引き寄せる吸引力となりうる．

② ベンチャーコーディネート（2000年）

ベンチャー企業にとっては，マーケティング，人材確保などの情報入手は容易ではない．そこで，全国にベンチャー支援のコーディネート拠点を作り，コーディネーターが，自分のネットワークを活用しつつベンチャービジネスに必要な情報提供を行う仕組みが考えられた．この拠点は，全国300ヵ所に及んでいる．

(2) 金融面での支援効果を狙った施策

① 銀行の知的所有権担保融資（1995年）

知的所有権には，著作権，特許権，商標権，実用新案権，意匠権などがある．このような知的所有権を担保とする融資は，政府系銀行である日本開発銀行（現日本政策投資銀行）が，「知的財産権担保融資」として実施した．銀行融資は，ほとんど，事業の将来性よりも担保を重視する姿勢で行われる中で，本融資制度は，ベンチャー企業のファイナンスニーズに適合した性格のものであり，インフラとしての意味は小さくない．ただし，一般に民間金融機関の業務としても定着させるための工夫，改善は今後の課題として残っている．

② 第2店頭特別銘柄の新設（1995年）

株式公開を容易にするという意味で，ベンチャー企業向けに第2店頭特別銘柄制度が新設されたことは，大きな進歩であった．この制度は，条件を満足した企業には緩やかな株式公開基準を認めるというもので，その条件は，事業内容に新規性，将来性があると引受証券会社が認めた企業で，かつ売上高に対す

る研究開発費が3%以上の企業，というものであった．この制度でもっとも大きな特色とされたのは，利益基準が設けられていないこと，つまり，赤字会社でも公開の対象になりうるという点であった．

③　エンジェル税制新設（1996年）

ベンチャービジネスへの投資を刺激する諸制度は，ベンチャー関連インフラの中でも重要なものである．初期段階の，まだリスクの大きいベンチャー企業に資金を提供する，いわゆるエンジェル（ベンチャービジネスを支援する個人投資家）への税制を優遇し，投資促進を進める環境を作ることは，（公平性など，他の諸条件を除外すれば）有効なベンチャービジネス振興策となろう．アメリカでは，通常の上場会社への株式投資と，未公開のベンチャー企業への投資とは，税法上区別される．未公開企業への投資は，ベンチャー企業が倒産し損失が発生した時，売却益と損失が相殺される損益通算や，売却益の一定額における課税繰延べなど，優遇措置が設けられてきた．

日本でもこうした制度を見習い，エンジェル税制とよばれる優遇税制が導入されるようになった．一定の要件を満たす企業の株式を取得した個人投資家が，その株式を譲渡した場合，2つの優遇措置を受けられるようになったのである．ひとつ目は，株式売却により損失が生じた場合，3年間にわたって繰越しできる課税の特例制度であり，2つ目は，利益が生じた場合にも，当該利益を4分の1に圧縮できるよう，さらに充実させた制度である（2000年度より導入）．また，実際に株式を譲渡しなくても，破産，解散などによって無価値になってしまった株式についても，一定の金額は，譲渡による損失と同じように繰越控除が受けられるようになった．このような税制面での優遇措置は，投資資金を誘導するうえでの効果が高いと考えられる．

④　未公開株式の公募，投資勧誘の解禁（1997年）

1997年7月，未公開企業の株式を売買するために，日本証券業協会は気配公表銘柄制度（グリーンシート）という仕組みをつくった．これは，株式公開の段階にまで成長していないベンチャー企業の株式を，投資家が購入しやすく

することによって，企業側には資金調達を円滑にし，投資家側には投資のチャンスと換金の場を提供する目的をもっている．ベンチャー企業の成長には常に資金調達の困難が立ちはだかるという現実を考えると，こうした，ベンチャー企業に一般投資家の資金流入を促進し，かつ未公開株式でも透明度の高い取引ができる場所をつくる試みは，とくに必要度の高いものといわねばならない．

⑤　中小企業等投資事業有限責任組合法の制定（1998年）

これまで日本の投資ファンドには，投資の器として無理のある民法上の組合形式が用いられてきたが，この法律が制定されたことにより，投資家の有限責任性が明確となり，投資家がベンチャーファンドに資金を提供しやすくなった．（ベンチャーファンドについて，詳しくは第10章を参照のこと．）

(3) 経営サポート面での施策：独占禁止法緩和（1994年8月）

日本においては，ベンチャーキャピタルによる経営支援に規制があり，支援は資金の提供に限られてきた．それは独占禁止法の問題であった．ベンチャーキャピタルが，投資先の企業に経営のノウハウを提供するための役員を派遣しようにも，独占禁止法のガイドラインに抵触するために派遣できないという問題があったのである．

この規制は，1994年8月の独占禁止法改正で緩和され，ベンチャーキャピタルが役員会に出席するなどして，常に直接投資先の状況を把握し，支援することが可能になった．

5.　起業への直接支援：インキュベーターという制度インフラ

(1) インキュベーターとは

資金面や人材面などの政府の支援策は幅広くなっても，それだけでは起業活動の活性化やベンチャービジネスの成功にはつながらない．そこで，より直接的な起業家支援策として，インキュベーターが注目されることになる．1970年代にアメリカではじめられたインキュベーターは，わが国においては1980

年代後半から，政府，地方自治体が中心となって，全国各地に設立されはじめた．

インキュベーターは，資金力やビジネスノウハウに乏しい，創業間もない企業に対し，研究開発や製品開発のためのスペースや設備などを賃貸する（ハード支援）と同時に，経営アドバイスや経営資源調達に関する支援を行い（ソフト支援），事業立ち上げの成功と企業の成長を促す役割を担っている．

① ハード支援

開業に関わる高額なオフィスの賃料負担にくわえて，情報ネットワーク高度化の費用負担や，ハイテク関連業種においては高額な機器への投資額など，起業時の資金負担が増加する傾向が顕著にみられる．インキュベーターは，オフィスから情報機器までを比較的安い賃貸料で提供し，企業の資金負担を軽減

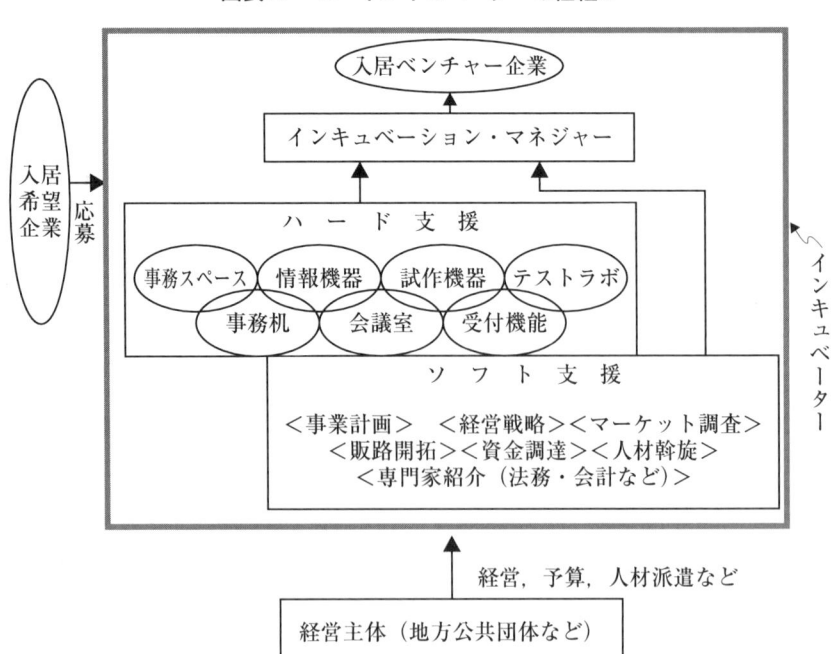

図表9-3 インキュベーターの仕組み

することにより，起業の障害を減らす役割を果たしている．

② ソフト支援

ベンチャービジネスの技術や経営の手法は，高度化，専門化しつつあるうえ，経営やマーケティングの方向性などについて調査分析を行う余裕が，新設ベンチャー企業にはない．インキュベーターは，こうした経営面のニーズに対して支援機能を発揮し，企業成長の潜在力を引き出すことを目的としている．

③ 入居費用

入居費用を低く抑え，創業間もない，資金力に乏しい企業が入居しやすくしているインキュベーターがほとんどである．

④ 入居期間

入居期間については，大半のインキュベーターが3～5年という制限を設けている．入居期間の運用については，厳格に運用することにより，早く自立しなければならないという目標を強くもたせる効果が期待される．

⑤ 設立主体および運営主体

以上のようなサービスを提供するため，日本の場合，インキュベーターの設立および運営主体は，第3セクターによるものと，県や市によるものがほとんどである．インキュベーション事業は，現状では採算ベースに乗りにくく，民営はきわめて少ないという問題がある．

(2) インキュベーターの具体例分析

1) 事例1：かながわサイエンスパーク

同サイエンスパーク（川崎市高津区）のインキュベーターは，1987年10月にオープンした．通称KSP（Kanagawa Science Park）とよばれている．

① KSPの目的

神奈川県の産業構造の変革を推進する，戦略的プロジェクトのひとつとして設立された．同県は，1970年代までわが国最大の工業県であったが，1980年代に入り，重化学工業の衰退，産業の空洞化，雇用問題などが生じた．そこで

県は，京浜工業地帯における産業構造の高度化を推進するために，ベンチャービジネスの育成を重要な施策と位置づけ，同パークを設立した．

② 入居の条件

入居条件は，設立5年未満の研究開発型企業，発展性のある事業計画を有し，環境面で問題のない会社の2つである．

③ 入居企業向け施設（ハード支援）

施設のイメージを思い描くため，細部の様子をみてみよう．KSPのイノベーションセンタービル西棟（3万4,000m^2）は，共有スペースの玄関口として利用され，郵便局，ATM，コンビニエンスストアなどがある．さらに，国際会議，レセプションが可能なKSPホール，貸会議室などの施設もある．

また，イノベーションセンタービル東棟（1万m^2）は，入居企業のための賃貸オフィス，試作，測定ラボ，研究開発ラボなどがある．

付属のR&Dビジネスパークビル（10万m^2）は，テナント方式による賃貸オフィスであり，イノベーションセンタービルからの卒業企業が入居しているほか，一般企業も入居している．

賃貸オフィスに関しては，3種類の広さが用意されている．入居企業は会社の成長に伴い，小さなスペースから大きなスペースへ移ることができる．まず創業段階では，面積の小さなシェアード・オフィス（12～31m^{2}の共用スペース．契約期限1年で最長3年まで更新可，1ヵ月3,000円／m^2，共益費2,000円）が利用でき，広いスペースが必要となった時は，スタートアップルーム（37～75m^2，契約期限原則5年，1ヵ月3,200円／m^2，共益費2,000円，保証金37m^{2}で25万円，75m^{2}で50万円）が利用できる．また，研究開発型企業向け賃貸スペース（80～700m^2，契約期限2年ごとの更新）も利用できる（上記料金は消費税を含まない数字）．

④ 入居企業向けサービス（ソフト支援）

・創業支援：研究開発型企業を育成するために，「KSPビジネスサポートセンター」を設置している．ここでは入居企業に対して，経営，技術に関す

る各種の相談に応じている．
- 成長支援：2つのベンチャー投資ファンドによる投資のほか，人材斡旋，技術コンサルティング，販売先斡旋など，入居企業に対して多面的に情報を提供している．
- 起業家育成：「KSP ベンチャービジネススクール」をもち，創業を希望する個人のほか，企業内ベンチャーの希望者も対象としており，ビジネスプランの作成を目的としている（事業案内「Kanagawa Science Park」，「かながわサイエンスパーク入居案内」を参照）．

2) 事例2：川崎新産業創造センター

同センター（川崎市幸区）は，2003年1月にオープンした．通称 KBIC (Kawasaki Business Incubation Center) とよばれている．

① KBIC の目的

スタートアップ期とアーリーステージの企業育成や，企業の新たな事業分野への進出を支援するとともに，基盤技術の高度化を通して地域経済の活性化を図ることを目的として，川崎市が施設を設置し，川崎市産業振興財団が運営を担当している．

② 入居の条件

入居の条件は，創業を目指す個人，開業後5年以内の個人・会社，新規事業進出を計画している会社の3つである．

③ 入居企業向け施設（ハード支援）

KBIC は，7,000m^2 の敷地内の，鉄骨2階建て延床面積 3,428m^2 の建物であり，顧客企業，研究室に提供できる貸室（最小 15m^2 ～最大 200m^2）を38室用意している．複数の貸室を使用している顧客もあり，現在は24社と9つの大学研究室等が入居し，100% の入居率となっている．

KBIC は，JR 横須賀線の新川崎駅から徒歩10分ほどの位置にあり，東京の主要地域に20分程度で行ける好立地である．また，同地区は緑が多く，入居者が散歩を楽しめる環境がある．

④　入居企業向けサービス（ソフト支援）

　KBICには，専門のインキュベーションマネジャー（以下，IMという）が配置されている．IMとは，入居企業の成長支援を，入居者との緊密な連絡のもとに行う支援のプロである．成長支援は，経営，財務，労務，マーケティングから，補助金の申請，取引先の紹介など，企業の事業活動を多面的に支援するものとなっている．IMには，ベンチャー企業の経営に関して総合的な知識や経験が要求されるとともに，幅広い人的なネットワークが要求される．とくに人的なネットワークはIMの必須条件である．入居企業の相談について，IM個人の知識や経験では対応できない場合でも，ネットワークを活用すれば，課題解決の可能性が高まるからである（事業案内「ベンチャービジネスの創出拠点：かわさき新産業創造センター」を参照）．

　ベンチャービジネスを，政府が制度インフラを整えて支援するというのは，私的分野の経済活動に対する公的部門の直接介入である．わが国においては，歳出の圧縮による財政の健全化が国家的な課題として迫りつつある現状のもと，マーケットメカニズム重視とは逆方向の施策にみえる．ベンチャービジネス支援をすすめるには，それが優先度の高い政策課題であることを説明できる理由づけと，費用を上回る国民経済的効果がある旨の実証作業が必要であろう．

　これまで導入されたわが国のインフラ整備政策は，端的にいえば，ほとんどがアメリカの施策のコピーである．たしかにアメリカには，カリフォルニア，テキサス，マサチューセッツなど，ベンチャービジネスの振興を考える場合に，必ず引き合いに出されるモデルケースが豊富にあり，政策という面での参考事例も多い．しかし，ではアメリカでは，政府の支援策がシリコンバレーの活況を生んだのであろうか．この点に関しては，アメリカにおける政府の支援プログラムは，新規事業を立ち上げようとする，数多い，野心あふれる起業家予備軍，起業家を支援することをビジネスとする，分厚い専門家層の活動とネットワーク，起業家教育に力を注ぐ大学など，民間レベルのベンチャーマインドが

円滑に活動するのを下支えしたに過ぎないとの見方が多い．こうした起業家的土壌こそがベンチャービジネスのための真のインフラであり，その養成が，公的支援策の充実とあわせて，ベンチャービジネスを活発化させるための必須条件であることに，日本では今後，もっと注意が向けられねばならないであろう．

演・習・問・題

問1　わが国では，広く規制緩和が叫ばれる一方で，政府や地方公共団体がベンチャービジネス分野に直接関与し，さまざまな支援を行っているが，これにはどんな背景，根拠があるのだろうか，考えなさい．

問2　新しい事業を創造することで地域を活性化しようという，さまざまな形の取り組みが行われているが，この場合どんなインフラを整備したらいいか，起業しようとするものの観点から考えなさい．

問3　本章でみた「インキュベーター」と「エンジェル税制」を対比し，それぞれが起業活動の活発化にどんな効果を発揮すると思われるか，まとめなさい．

参考文献

Kanter, R. M. (1983) *Change Masters : Innovation & Entrepreneurship in the American Corporation*, Simon & Schuster.

松田修一監修，早稲田大学アントレプレヌール研究会編（2000）『ベンチャー企業の経営と支援』日本経済新聞社

佐野忠克（1983）「ベンチャービジネス（研究開発型企業）の現状」『通産ジャーナル』10月号，通商産業調査会

株式会社ケイエスピー事業案内「Kanagawa Science Park」および「かながわサイエンスパーク入居案内」

財団法人川崎市産業振興財団事業案内「ベンチャービジネスの創出拠点：かわさき新産業創造センター」

《推薦図書》

1. 百瀬恵夫，篠原勲編著（2003）『新事業創造論』東洋経済新報社
   企業や個人に新事業挑戦が求められる背景と，起業時の最新課題．
2. 松田修一（1998）『ベンチャー企業』日本経済新聞社
   ベンチャー企業の定義，発展，金融，支援インフラと経営の諸問題．

第10章の要約

　ベンチャーキャピタル事業とは，投資ファンドに投資家の資金を集め，それをベンチャー企業に投資し，あわせてきめ細かい直接的な経営指導を行いながら，最終的には投資先企業を株式公開に導くことを目指すものである．ベンチャーキャピタリストが多いとイノベーションが盛んになる，ともいわれるのは，ベンチャーキャピタルが，新技術の製品化，新サービスの提供などの取り組みを支援することを通じて，経済社会のイノベーションの進展に貢献しているからである．

　ベンチャーキャピタルは，ベンチャー企業の株式を購入するという形で資金を供給するので，金利収入や元本返済の確実性はなく，起業家とともに倒産によって投資金を失うリスクを分かち合う．したがってその投資には高い収益率を求めることになり，ベンチャーキャピタルは，成長性の高いビジネスを発掘しようと努力している．この結果，アメリカの例にみるように，ベンチャーキャピタルは多くのスーパースター企業を発掘し，育成し，ハイテク，IT，インターネットの分野では，代表的な企業の育成はもちろん，産業自体を作り上げたといってよいケースも多い．

　日本のベンチャーキャピタルは，専門人材の層が薄い，比較的成長の進んだ企業を好む，経営指導が十分でないなどの問題をかかえているが，ベンチャーキャピタル産業の発展のためにも，ベンチャービジネスの起業活発化のためにも，その解決が待たれる．

第10章　ベンチャーキャピタルの課題

1. ベンチャーキャピタルとは

(1) 定　義

　ベンチャーキャピタルという言葉になじみのない読者のために，まずベンチャーキャピタルとは何かを明らかにしておこう．その定義は論者によってさまざまだが，ここでは以下のように定義する．

　「ベンチャーキャピタルは，投資およびコンサルティングを行う事業体で，複数の投資家から資金を集め，革新的な事業分野の，現在はまだ製品やサービス開発の初期段階にあるが，将来は高い成長が見込まれる企業へ，資本金の出資という直接金融形式で資金を供給し，その後，その企業を指導，育成し，最終的には株式公開させて株式売却益を得ることを業務とする．」

　なおベンチャーキャピタル事業に従事する専門家はベンチャーキャピタリストとよばれる．

(2) 起業資金の供給者

　事業を起こすことを起業という．起業を行うものは起業家ないし創業者とよばれる．起業には資金が必要なことは誰にでもわかる．資金のほかにも，工場や事務所，熱心な社員，有能な管理職人材，原材料，製品・サービスの販売ネットワーク等々，必要なもの（経営資源）は多いが，なかでも資金はもっとも基本的で，もっとも重要な経営資源だといってよい．資金があれば必要なものはだいたい何でもそろう．

　創業者は起業資金をどう調達するのだろうか．会社を設立しようとする場合を考えてみよう．もっとも基本的な資金源は貯蓄などの自己資金であろう．創業者はこれを会社の資本金にあてる．さらに親戚や友人が出資してくれることも多いだろう．彼らは，新たな事業に挑戦するものを応援しようという気持ちから資金を提供してくれるのであって，必ずしも経済的動機（出資で儲けよう

第10章 ベンチャーキャピタルの課題

という気持ち）が強いわけではない．

　これに対しビジネス・エンジェル，ないし単にエンジェルとよばれる資金提供者がいる．彼らは富裕層の個人投資家で，ベンチャー企業の元オーナーや，有力企業の元経営者である場合が多く，新たな起業案件をみつけては，有望と思われるものに，出資の形で自らの資金を提供する．リスクの高いビジネスや，アイデア段階のプロジェクトにあえて投資することも多く，資金を集めにくい起業家にとってはまさに天使のような存在となっている．彼らはまた，経営者としての豊富な実務経験と人脈をもとに，投資先に助言を与えたり，取引先の紹介を行ったりする．エンジェルの資金提供活動の第1の目的はあくまで投資収益を得ることだが，あわせてビジネスの成功者が自らの成功体験を伝授し，つぎの成功者を生み出し，それによって社会貢献を果たそうとする側面も忘れ

図表 10 − 1　起業資金の調達

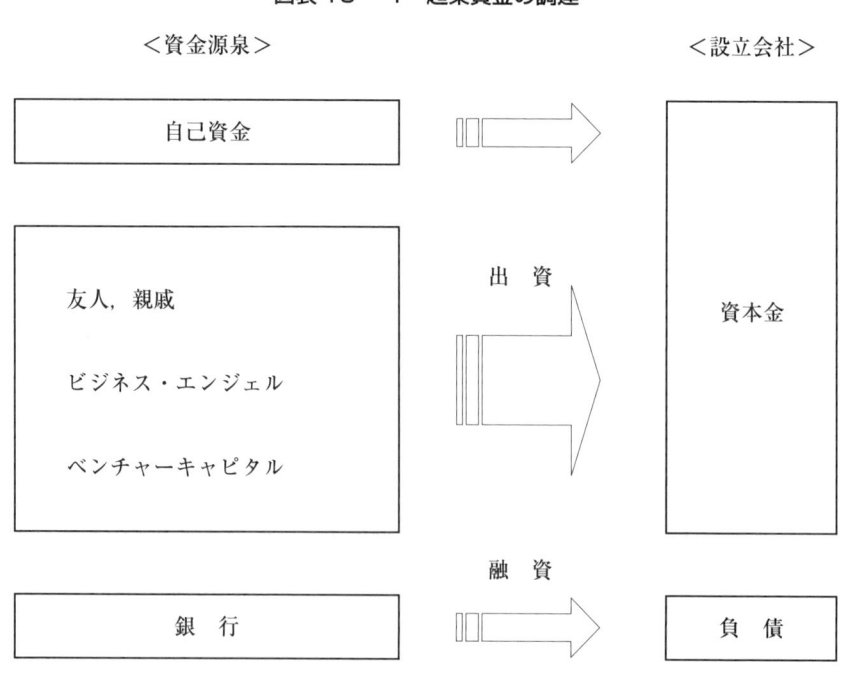

＜資金源泉＞		＜設立会社＞
自己資金	→	
友人，親戚 ビジネス・エンジェル ベンチャーキャピタル	出資 →	資本金
銀　行	融資 →	負　債

てはならない．

　さて，ベンチャーキャピタルも若い，有望な企業に資金を提供する．ベンチャーキャピタリストにも企業経営の経験者は多い．ただしベンチャーキャピタルは株式会社などの形態をとって，大規模に，継続的かつ組織的に，明確に収益を目的として営まれる事業体であり，個人として活動するエンジェルとは異なった特徴をもっている．

　次節では，ベンチャーキャピタル事業の特徴を，上に述べた定義に沿いつつ詳しくみていこう．なお一般的に事業資金の調達は，銀行借入れという形でも行われるが，担保となる資産をもたない若い企業には銀行融資はなじみにくく，本章では考察の対象外とした．

2. ベンチャーキャピタル事業の特色

(1) 5つのキーワード

　ベンチャーキャピタルが行う資金提供事業の特徴は何だろうか．それを知るには「ファンド」「ベンチャー企業」「リスクマネー」「ハンズオン」「株式公開」という5つの言葉がキーワードになる．なぜならベンチャーキャピタル事業とは，まずファンドを設立し，それをベンチャー企業にリスクマネーとして提供し，あわせてハンズオン的な，つまりきめ細かい直接的な経営指導を行いながら，最終的には投資先企業を株式公開に導くことを目指すものだからである．これらキーワードには聞きなれないものもあろうが，その意味は，これからの説明で，順次，明らかにされる．

(2) ファンド

　ベンチャーキャピタルは，複数の投資家から資金を集める．資金は投資ファンドとして集合され，ベンチャーキャピタルによって一括して運用される．ベンチャーキャピタルは，基本的には他人資産の運用専門家であり，その意味で，個人の自己資金を直接投資するエンジェルや，企業の資金を戦略的見地から外

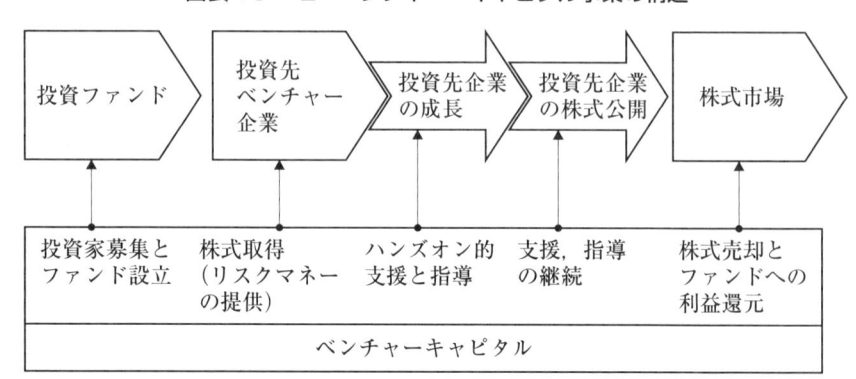

図表 10-2　ベンチャー・キャピタル事業の構造

```
[投資ファンド] → [投資先ベンチャー企業] → [投資先企業の成長] → [投資先企業の株式公開] → [株式市場]
     ↑                ↑                    ↑                    ↑                     ↑
 投資家募集と      株式取得          ハンズオン的         支援，指導           株式売却と
 ファンド設立    （リスクマネー       支援と指導          の継続             ファンドへの
                  の提供）                                                 利益還元
                              ベンチャーキャピタル
```

部のニュービジネス等に投資する企業投資家とは異なる．

　投資ファンドとは何だろうか．投資ファンドは通常，パートナーシップ（partnership）や組合とよばれる法律上の組織体として設立される．日本では組合形式をとることとされており，「中小企業投資事業有限責任組合法」という法律により詳細が規定されているが，その骨子は，ファンドである組合の構成員を，運営に責任をもつ組合員と，運営には直接参加せず単なる投資家として資金を拠出するだけの組合員とに分けるというところにある．前者は「無限責任組合員」，後者は「有限責任組合員」とよばれ，出資金の大部分は有限責任の一般の投資家から集められる．たとえファンドが債務を負ったり，運用から損失が出たりした場合でも，有限責任組合員は自分の出資額以上の責任を負うことはなく，リスクが限定されることから出資に応じやすい．一方，ベンチャーキャピタルは無限責任組合員となり，組合すなわちファンドの運用責任を果たす（場合によっては無限責任組合員はほかに選ばれ，ベンチャーキャピタルはそのアドバイザーとなって運用に関する助言を行うこともある）．ベンチャーキャピタルには運用報酬が支払われる．

　では，ファンドには誰が資金を出すのだろうか．一般にベンチャーキャピタルによる投資ファンドの運用は，未上場の若い企業を対象としており，運用成果が挙がるまでに長い時間を要する．また高収益の可能性と同時に高リスクも

あわせもつ，いわゆるハイリスク・ハイリターンの投資であることが多い．加えて，投資対象先の事業は新しい技術や新しいビジネスの仕組みを組み込んでおり，理解するには高度の専門知識を必要とする（ベンチャーキャピタルに運用を任せるにしても，投資内容の概要を理解しておくことは一般投資家にも必要である）．このような事情から，ファンドへの資金提供者，すなわち投資家は，金融機関等の機関投資家，事業会社，年金基金といった，リスク負担能力と投資経験の豊富な機関が中心であり，個人投資家の比率は低い．

こうしたファンドは通常，7年から10年程度の期限付きであり，その間は原則として解約できない取り決めとなっている．ファンドの流出により，投資先企業の育成，支援計画に変更を強いられる事態を防ぐためである．ファンドの運用期間中に，ベンチャーキャピタルは，投資先企業の株式を売却することで投資元本を運用利益とともに回収し，所定の運用報酬を差し引いて投資家に返還する．

(3) ベンチャー企業

① イノベーションの推進

ベンチャー企業という言葉がある．新しい事業に挑戦する若い企業を指すのだが，これがまさにベンチャーキャピタルの投資対象企業となる．「ベンチャーキャピタリストが多いとイノベーションが盛んになる」という説もあるように (Allen, K. R., 2003：198)，ベンチャーキャピタルは，新技術の製品化，今までになかったサービスの提供，すでにあるビジネスの実行方法の革新といった取り組みを支援することを通じて，経済社会のイノベーションの進展に貢献している．

② 対象分野

ベンチャーキャピタルはその投資対象分野によって，専門型と分散型に分けられる．専門型ベンチャーキャピタルが特定分野（バイオテクノロジー，インターネット・ビジネス，コンテンツ産業など）にのみ投資を行うのに対し，分

散型は対象分野を絞り込まず，ハイテクからサービス産業まで，バランスを考慮しながら幅広く投資を行う．どのような分野を強みとするかは，ベンチャーキャピタル各社の経営方針によってちがってくるが，中心となるベンチャーキャピタリストの得意分野といった属人的な要素も大いに影響しているのが面白い．

　専門型ベンチャーキャピタルは従来からアメリカに多くみられるタイプであったが，今世紀に入って日本でも存在が目立つようになっている．これは，わが国のベンチャーキャピタル事業が，一定の歴史を経て産業として成熟してきたこと，先端技術分野での起業案件がますます高度化する中で，従来のような何でも屋のベンチャーキャピタルでは対応しきれなくなっていることをあらわしているといえよう．

　③　成長ステージ

　ベンチャー企業の誕生から成熟までの過程は，おおよそ5つの段階にわけられる．それらは，(1) 起業家の脳裏に，やがて芽をふく種のように新ビジネスのアイデアが生まれる「シーズ（種）」期，(2) アイデアを実現すべく会社を設立する「スタートアップ」期，(3) 事業が飛躍的に発展する「成長」期，(4) 経営管理体制も充実し，株式公開の可能性がみえてくる「公開直前」期，(5) 株式公開も達成し，中堅企業，大企業への道を歩みはじめ，もはやベンチャー企業とはよべなくなる「成熟」期，の5つのステージである．

　ベンチャーキャピタルの投資の理念は，起業資金から成長，拡大資金までをベンチャービジネスの発展に応じて適切に供給することにあり，全ステージが幅広く投資の対象となってよいはずである．しかし実際のベンチャーキャピタルの行動にみられるのは，ともすればシーズ期やスタートアップ期への投資を抑制し，事業が開始されてすでに製品やサービスの開発が進み，見本や試作品をもって顧客との接触がはかれる段階にきている企業への投資へと傾斜する姿勢であって，日本ではとくに，公開直前期の企業を選ぼうとする傾向がみられる．予想される投資利益の大きさは，成長の進んだ企業に投資するほうが小さ

いが，そのかわり資金回収の確率は高く，スピードも早い．

　こうしたリスク回避の傾向は，あくまで投資家の資産を運用する立場でしかないベンチャーキャピタルの，やむをえない選択でもあるといえるが，むずかしい問題もはらんでいる．過度の安全指向，短期的利益の追求は，リスクをとってニュービジネスの創造という大事業に立ち向かっている起業家の努力に背を向けることであり，ベンチャーキャピタルという事業の自己否定につながるからである．成長ステージ別の投資政策をいかに決めるかは，ベンチャーキャピタルにとって重い課題である．

(4) リスクマネー

　ベンチャーキャピタルの業務は，起業家が立ち上げた企業に，その株式を購入するという形で資金を供給することであり，エクイティ（株主持分，すなわち自己資本）ファイナンスともよばれる．貸付と異なり金利収入や元本返済の確実性はなく，ベンチャーキャピタルは，起業家とともに倒産によって投資金を失うリスクを分かち合わなければならない．この意味で，ベンチャーキャピタルはリスクマネーの供給者なのであり，経営に協力して，投資先企業をなんとか成長させたいと願う動機もここに発するといってよい．

(5) ハンズオン

　ベンチャーキャピタルにとっては，投資先企業が計画どおりに順調にビジネスを拡大し，さらに成長の速度を速めることが重要で，そのためさまざまな業務支援や経営への関与を行う．これは，ベンチャー企業にどんな経営資源が不足しているかをきめ細かく観察し，それらを直接外部から補おうとするものであり，ハンズオン（hands-on）アプローチとよばれている．ベンチャーキャピタルのこうした投資先へのかかわり方は，投資後はすべて投資先企業の経営者にまかせ，財務資料などで業績を点検する姿勢（ハンズオフ＝hands-off）の対極をなすものであり，投資家からのファンド委託を受けてリスクマネーの供給

役を担うベンチャーキャピタルが，積極的に運用者としての責任を果たそうとしているものと理解できよう．

ハンズオン支援の内容は多岐にわたり，投資先企業の成長ステージによって異なる．スタートアップ期の支援は，事業計画の作成支援，経営チームの組成支援が中心で，成長期に入ると，販売先の斡旋やマーケティング，事業計画の改定，専門家（弁護士，公認会計士，弁理士）の紹介と管理者層の人材斡旋から，戦略的提携に関するコンサルティングと候補先の紹介にまでおよぶ．公開直前期には，株式公開準備のための組織整備，創業者が経営権を確保するための方針作成などに関するアドバイスの提供が多くなる．

ハンズオン支援には，さらに関与度を深めて，取締役の派遣により経営に内部から参画する方法もある．初期段階のベンチャー企業に投資を行うベンチャーキャピタルや1社当たりの投資額が大きいベンチャーキャピタル，特定分野への専門化の度合いが高いベンチャーキャピタルには，取締役の派遣が多い．

(6) 株式公開

ベンチャーキャピタルには，投資した資金を利益とともに回収し，投資ファンドの出資者に還元する責任がある．一般に投資資金は，投資先企業からの配当収入と株式売却代金とによって回収されるはずであるが，事業基盤も安定していない若い企業に多くの配当は期待できず，結局ベンチャーキャピタルは，株式売却によってしか資金回収ができない．こうして，いかに多くの株式売却代金（すなわち投資元本と株式売却益の合計）を得るかが，投資家に還元できる利益の大きさを決めることになる．

投資先のベンチャー企業が売り上げを伸ばし続け，収益力もつき，企業価値が向上してくると，ベンチャーキャピタルは，保有株を売却して利益を獲得する機会を探しはじめる．売却には，(1) 投資先企業の株式を株式市場に登録させ，興味のある投資家には自由に売買の機会を公開する仕組みにしておいた

（これを株式公開ないし IPO = initial public offering という）うえで，その市場を通じてベンチャーキャピタルが持ち株を売却する方法，(2) 他の企業に投資先企業そのものを買い取らせる企業買収（M&A = Mergers and Acquisitions という）による方法，(3) 投資契約書に条件（投資後5年で公開しなかったら買い取るなど）を明記することにより，創業者がベンチャーキャピタルから株を買い戻す方法，の3つがある．要するにこれらの方法は，ベンチャーキャピタルがある企業の株主という状態から抜け出す出口であり，その中で，株式公開はもっとも有効な出口戦略といってよい．なぜなら，株式公開の結果，投資した株式の流動性が高まり，価格決定のプロセスが透明化されれば，ベンチャーキャピタルは，他の方法によるよりも持ち株を高く迅速に売れる可能性があるからである．

　投資してから回収まで，対象業種によって異なるものの，平均して5年以上はかかるといわれるベンチャーキャピタルにとって，投資した株式の売却が実現する瞬間は，待ちに待った運命の瞬間であり，市場がつける売却価格の高低によって，それまでの支援や育成の努力が評価される瞬間でもある．

　一方，失敗に終わる投資も多い．投資先企業の業績が順調であっても，株式市場が不振の時期には，株式公開による出口戦略が働かないこともある．そのためベンチャーキャピタルの投資には，ひとつの大きな成功で他の多くの失敗を取り返す可能性が必要であり，投資額の何十倍にもなるようなハイリターンの投資案件を求めることになる．こうしてベンチャーキャピタリストは，新しい技術やビジネスアイデアをもった成長性の高い「スーパースター・ビジネス」（Allen, K. R., 2003：198）をいかに発掘するかに常に腐心することとなる．

3. ベンチャーキャピタルの投資決定プロセス

(1) スーパースター探しのプロセス

　ベンチャーキャピタルは，投資候補となりそうなベンチャー企業や，スタートアップ直前のプロジェクト，あるいはビジネスアイデア段階で投資を求めて

第10章 ベンチャーキャピタルの課題

いる起業家のチームなどを発掘し、投資価値が認められるかをあらゆる角度から調査、分析する。有望案件と判断され、投資条件が自社の基準に適合すると認められれば、資金提供を実行する。ハイリターンの可能性をもつ投資機会にめぐり合うのも、まずは数多くの投資候補案件に出会うことからというわけである。

① 案件発掘

評価の高いベンチャーキャピタルには、優良な投資案件が集まる。投資案件には、起業家から直接持ち込まれるもの、提携している弁護士や会計事務所の紹介によるもの、親密な関係にある他のベンチャーキャピタルの紹介によるもの、投資先企業の紹介によるものなどがあるが、なんといっても重要なのは、ベンチャーキャピタリスト自らの案件発掘活動であろう。ベンチャーキャピタリストは、新聞の経済記事、ベンチャービジネス関係の専門誌等はもちろん、ビジネス人脈、同窓生人脈など、個人のあらゆるネットワークを活用して情報を収集するほか、ベンチャー育成機関であるインキュベーターや大学でのビジネスプラン発表会にも足を伸ばしている。投資対象の発掘は、ベンチャーキャピタリストの実力があらわれる仕事である。

② 案件調査

スパースターの卵はどう見分けるのか。それはサイエンスというよりはアートに近い。ベンチャーキャピタリストには、会社経営のノウハウに加え、経済、社会、技術面でのマクロ的な変化に対する感受性、産業レベルでの変化予知能力、起業家に対する人物鑑定能力といった資質が求められる。幸運に恵まれることも大事な要素である。

とはいえ案件選別の基本はある。まずはデューディリジェンス (due diligence) とよばれる投資案件の詳細調査をしっかり行うことである。

調査はまず、提出されたビジネスプランの検討からはじまる。何を、誰に、いつ、どれだけ売ろうとしているのか。想定されている事業見通しの妥当性を点検するため、市場調査が行われ、プランと対比される。すでに営業実績のあ

る企業には，財務諸表の分析も行われる．起業家や経営チームとの面談，事業所（工場，店舗，研究所）の視察も重要な調査手段である．

(2) 投資案件評価のポイント

　ベンチャーキャピタルがベンチャー企業や起業プロジェクトを評価するポイントは，事業の社会性，経営者の資質，製品・サービスの競争上の優位性，対象とする市場の大きさと成長性，技術力，販売力，原材料等の資材調達力，財務状況，およびこれらの総和としての株式公開の可能性などと幅広いが，とりわけ重要なのが3つのP，すなわち「product」（どんな製品・サービスか），「president」（起業家はどんな人物か），「plan」（ビジネスプランはしっかりしているか）である．ベンチャーキャピタリストは，図表10－3に掲げた数多くの項目を論理的に調査，探求し，事業成功の確率を推論し，それに自らの直感を加えて，最終的な決断を下す．

(3) ベンチャーキャピタルと新産業育成

　アメリカをみると，これまでベンチャーキャピタルがいかに多くのスーパースター企業を発掘し，育成してきたかがわかる．ハイテク，IT，インターネットの分野では，代表的な企業の育成はもちろん，産業自体を作り上げたといってよいケースも多い．少し例を挙げよう．

　IT革命の時代といわれる現代のテクノロジー社会の中で，真に革命の名に値するものが半導体とマイクロプロセッサの発明であることは，誰にも異論のないところだろう．この発明の推進役は1968年に設立されたインテルである．また，ネットワーク社会の基盤であるパーナルコンピュータ（PC）の先駆者といわれる企業に，1976年に設立されたアップルコンピュータがある．そして両社の創業には，アーサー・ロック（Rock, A.）というベンチャーキャピタリストが参画している．

　インターネットの分野では，ヤフーの創業に参画したベンチャーキャピタル，

図表10-3 投資先評価の項目一覧：3つのP

3つのP	大項目	中項目	小項目
Product	どんな製品・サービスか	● 製品やサービスの訴求ポイント（「売り」）がはっきりしているか	① 高性能，高品質，斬新さ ② 付帯サービス ③ 低価格 ④ ブランド
		● 意図したとおり製品・サービスを生み出す技術はあるか	
		● ビジネスシステムはできているか	① 販売，仕入 ② 品質管理 ③ 販売後サービス
President	起業家はどんな人物か	● 起業家として適した個性の持ち主か	① 先見性，変化に敏感 ② 実行，決断力，軽はずみ ③ 目標達成意欲 ④ 権力欲，チームプレー ⑤ リスクに挑戦，無謀 ⑥ イノベーション志向 ⑦ カリスマ性
		● 起業の動機はなにか	① 技術やビジネス・アイデアの商業化 ② 他人に雇われたくない ③ 高い収入，創業者利潤 ④ 名声，社会的地位 ⑤ 失業，就職先なし ⑥ 仕事と家庭や趣味の両立 ⑦ 社会貢献 ⑧ 創業資金あり
		● 経営チームは良質か	
Plan	ビジネスプランはしっかりしているか	● エグゼクティブ・サマリーは魅力的か	① プレゼンテーションの巧拙 ② 投資家への説得力
		● 経営理念は明確か	① ビジョン ② 事業目標（数値）
		● ビジネスモデルは優れているか	① 事業の仕組みの比較優位性 ② 利益の出し方が明確
		● 販売計画は実現可能か	① 市場規模 ② 顧客に選ばれる理由 ③ 予定するマーケティング・ミックスの妥当性
		● 財務計画に不安はないか	① キャッシュフロー予測 ② 資金調達計画 ③ 資金使用計画（Burn-out ratio） ④ 売上不振等への耐久力

セコイア・キャピタル（Sequoia Capital Partners）がよい例だ．セコイアは，シスコシステムズ等，多くのIT関連企業，インターネット関連企業に投資して成功を収めてきたベンチャーキャピタルだが，その創立者のひとりであるドン・バレンタインはこういっている．「われわれの仕事はビジネスを作りだすこと，ときに業界を作り出すことであり，金融取引ではない」（Gupta, U., 邦訳, 2002：233）．

ベンチャーキャピタルの役割には，もちろん限界がある．イノベーションには部分的なイノベーション（incremental innovation）と抜本的なイノベーション（breakthrough innovation）とがあり，ベンチャーキャピタリストは，長期的な革命的変化をもたらすようなイノベーションの機会を発掘してその実現に貢献するというよりは，ファンドのための収益狙いの投資姿勢から，どうしても短期的イノベーションへの貢献が中心となるのは避けられない，という一面もたしかにある．しかし，上に述べたアメリカでの例に垣間見たように，その限界を考慮してもなお，ベンチャーキャピタルの発展はベンチャービジネスの隆盛を生む重要な一要素だといえるだろう．それが経済を活性化する．したがってベンチャーキャピタルの使命は重い．日本でも，ベンチャーキャピタル産業の健全な発展が望まれる理由はここにある．

4. 日本のベンチャーキャピタル

(1) 日本におけるベンチャーキャピタルの発展

日本では，官営のベンチャーキャピタルというべき「中小企業投資育成会社」が，東京，名古屋，大阪に設立されたのが1963年であったが，民間ベンチャーキャピタルの登場は1972年まで下る．草分けは京都エンタープライズ・デベロップメント，日本エンタープライズ・デベロップメント，日本ベンチャーキャピタルの3社で，これらはそれぞれ，地方財界，銀行，企業グループを中心として設立されたものであった．アメリカでは，1946年に設立されたアメリカン・リサーチ・アンド・デベロップメント（ARD）が最初の本格的

なベンチャーキャピタルといわれており，わが国の民間ベンチャーキャピタルは，アメリカに四半世紀遅れて誕生したことになる．

日本ではその後，73年から74年にかけて，大手証券会社と都市銀行が主導する形で，5社のベンチャーキャピタルが相次いで設立され，ここまでのベンチャーキャピタル数は合計8社となった．これらは「日本におけるベンチャーキャピタルの先発組」(秦・上條，1996：33)といわれている．

その後，1980年代前半の日本は，のちのバブル経済の原因ともなる金融緩和期であったが，この間，数多くの金融機関が，業務の多様化の一環として，住宅ローン会社，リース会社などとあわせベンチャーキャピタルにも進出したため，約70社の設立をみた．

1990年代はいわゆるバブル崩壊期で，証券市場は極度の不振にあえいだが，この間，それまでとは異なる部門からのベンチャーキャピタル事業参入がはじまり，エレクトロニクスやインターネット関連の事業会社や，独立系，外資系等によって，規模よりは専門性を重んじるベンチャーキャピタルの設立が行われた．

こうして，日本のベンチャーキャピタル社数は増加し，現在は200社を超える規模にまで成長した．とはいえ，投資残高でみるかぎりは1兆円をやや下回る水準で停滞気味であり，アメリカのベンチャーキャピタル投資総額の27分の1と，経済規模の割にはまだまだ小さいことがわかる．

(2) 日本のベンチャーキャピタルの課題

1980年代にベンチャーキャピタルの設立が本格的に進んでから20年以上が経過し，ベンチャーキャピタルも金融産業の一分野として歴史を蓄積してきたが，一方でいまだ未解決の課題も多い．本章を締めくくるにあたり，それらを，設立母体，投資行動，起業環境の3つの問題に分けて整理しておこう．

1) 設立母体の問題

① 銀行系，証券系中心で，独立系が弱い

ベンチャーキャピタルはその設立母体区分に応じて，(1) 金融系ベンチャーキャピタル（証券，銀行，生損保，外資などの金融機関を母体に設立），(2) 事業系ベンチャーキャピタル（商社，製造業，ソフト会社などの事業会社を母体に設立），(3) 独立系の専門的ベンチャーキャピタル（(1) や (2) に勤務していたベンチャーキャピタリスト，公認会計士等，ベンチャービジネス支援の専門家によって設立，概して規模は小さい）の3形態に分類することができる．（松田，1998：151）

日本においては，1990年代まで，全ベンチャーキャピタル社数の約70%が金融系といわれてきたが，2000年を越えて，現在は約50%に低下，かわって事業系や独立系ベンチャーキャピタルが約40%を占めるにいたっている．ただし，ベンチャーキャピタルの80%程度が独立系といわれるアメリカとは，まだ格差が大きいこと，投資残高シェアでは金融系がいまだ60%と圧倒的で，独立系は10%にとどまり，基本的な業界構造は変わっていないことなどは，注意を要する．

ベンチャーキャピタルに親会社があってはいけないわけではない．また，銀行や証券会社によって設立されたこと自体が問題なわけでもない．ただ現実には，経営陣の多くが親会社からの出向者であり，案件の発掘や，デューディリジェンスを親会社に依存するなど，経営の自主性を確立していないベンチャーキャピタルが多く，どうしても投資判断が親会社の経営体質に引きずられて保守的になり，革新的な起業家を支援するというベンチャーキャピタル本来の使命を果せない．このことが問題なのである．

② 専門人材の層が薄い

銀行系，証券系が中心という成り立ちの問題は，日本のベンチャーキャピタルに，ベンチャー企業投資専門の人材の層が薄いという問題を生んでいる．投資担当者の多くは親企業からの出向者であり，未経験の分野に挑戦しながら，

ベンチャーキャピタリストを目指すという状況である．外部からの人材導入も活発に行われはじめているが，プロとして引き抜きに値するような経験者は数少なく，いきおいビジネスの経験のない新規学卒者を時間をかけて養成するという方法をとらざるをえない．

さらに，日本のベンチャーキャピタルは，そのほとんどが会社形態であり，ピラミッド型組織をとっているものが多いという問題がある．投資担当者はサラリーマンであり，個人で投資判断ができる立場にない．そのため，たとえ担当した投資案件が成功をおさめたとしても，自らの功績とはいいきれず，成功体験が個人に蓄積されない．アメリカのベンチャーキャピタリストが，多くの場合パートナーシップの経営者として，個人の裁量で直接投資判断を行うのとは，大きく事情が異なっている．

2）投資行動の問題
① 株式公開の間近い企業を選好

ベンチャー企業投資にリスクはつきものである．しかし，日本のベンチャーキャピタルは，これまで，成長ステージに達した企業や，株式公開の間近い企業を選好することで，リスク軽減をはかってきた．これは，従来，日本では，起業から株式公開に至るまでの期間が非常に長く，20年，30年たってやっと公開にこぎつけるような例が多かったうえ，企業のM&A（買収・合併）も一般的でない状況で，ベンチャーキャピタルが投資資金の回収を早めるには，どうしても株式公開の可能性がみえはじめた企業を選ばざるをえなかったためである．起業から株式公開に至るまで長い期間を要した理由は，(1)一般に商取引において，実績のない，小規模の新規企業を受け入れる慣行が乏しかったため，新規企業の成長スピードは概して遅くなりがちであったこと，(2)成熟した企業群向けとは別の，新興の成長企業向けの株式市場が未整備であったうえ，株式公開の条件が厳しかったこと，の2点に要約できる．こうした状況が，日本のベンチャーキャピタルに，資金を切実に必要とするスタートアップ期の企業を避け，株式公開直前の企業を選択させてきた．1993年の調査では，日本

のベンチャーキャピタルの設立後5年未満の企業への投資額は，年間全投資額の17%にとどまっており，同時期のアメリカのベンチャーキャピタルによる，シード，スタートアップなど，初期段階の企業向け投資比率が37%（秦・上條，1996：87-89）であることと比べても，その低さがわかる．こうした状況は，90年代を通じて日本では常に観察され，ベンチャーキャピタルの投資先企業の年齢構成では，15年以上と社歴の長い企業が1位を占めていた．ただし，2000年以降，この傾向にはきわだった変化がみられる．最近の調査（財団法人ベンチャーエンタープライズセンター，2004）では，設立後5年以内の若い企業向け投資が，年間総投資額の50%を超えていることが示されている．こうした変化を一時的な現象に終わらせず，いかに定着させていくかは，日本においてベンチャーキャピタルの存在意義を高めていくうえで，きわめて重要な課題であるといってよい．

② 経営指導が十分でない

専門人材の層の薄さは，ベンチャーキャピタルによる投資先企業への指導，育成活動を不十分なものにしている．

投資先企業が順調に成長を続けている間はよい．日本のベンチャーキャピタルは，販路開拓や仕入れルートの紹介，業務のアウトソーシング先の斡旋など，日常的レベルでの業務支援の要望には積極的にこたえる努力をしており，評価できる．

ただし，ベンチャーキャピタルによっては，担当者の人事異動によって，こうした支援の継続性が失われるという限界も生じる．

問題は，投資先企業に，より経営の根本にかかわる事態，たとえば製品戦略の抜本的な転換，事業展開の再編，組織の活性化，財務構造の改善，倒産の危機回避などの必要が生じたときに，適切に指針を示し，実践をハンズオンで指導することができるか，ということである．この点，日本のベンチャーキャピタルは，役員として送り込む人材の備えに乏しく，投資先企業の経営に内部から参画する事例は少ない．日本の場合，1990年代半ばまで，公正取引委員会が，

ベンチャーキャピタルによる投資先企業への取締役派遣を禁止するガイドラインを設けていたこと，企業側にも，社外取締役を拒否する感情が強かったことなど，ベンチャーキャピタルによる経営参画を制限する風土があったことは確かである．しかし，せめて適切な役員人材の紹介を行うなどして，経営に影響力を行使する用意と能力のあるところを示さなければ，ベンチャーキャピタルの存在感は薄いものとなるが，それも行われてこなかった．

ベンチャーキャピタルによる経営指導とは，目先の問題解決に援助の手をさし伸べるのみならず，投資先企業に，将来に向かって自立できる力をつけさせることであり，この点は，日本のベンチャーキャピタルの課題となっている．

3）起業環境の問題

日本の場合，投資ファンドが集まる割に，ベンチャーキャピタルにとっての投資先が少ないという問題がある．その理由は，なんといっても日本の開業率の低さにある．開業率は，日本の総事業所数に占める各年の新規設立事業所数の比率であり，1990年代以降低下をはじめ，90年代後半からは，閉業率（同じく閉鎖した事業所数の比率）を下回る状況にある．

また日本では，新規に設立される企業に，成長目標の比較的低い自営業型，

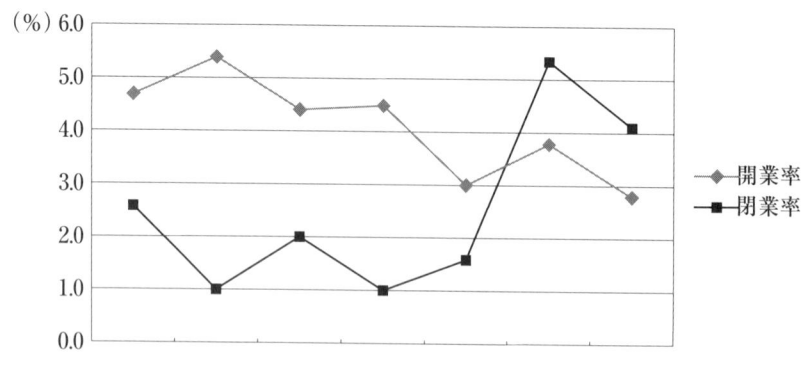

図表10－4　日本における開業率，閉業率の推移（非1次産業，年平均）

出所）中小企業庁編（2005：230）

家業型が多く，ハイテクやイノベーションで市場の制覇を目指すような，急成長指向型が少ないという事情もある．こうしたことから，潜在成長力の高そうなベンチャー企業へは多くのベンチャーキャピタルが殺到し，投資条件の切り下げをしても，投資受け入れを懇請するなどといった，過当競争が生じる．

これはまた，先にみたベンチャーキャピタリスト人材の薄さとともに，専門分野を絞ったベンチャーキャピタルが育ちにくい土壌の原因となっている．なぜなら，分野を特化しているかぎり投資件数は増えず，経営基盤を確保できないからである．こうして，専門性を確立できないベンチャーキャピタルは，お互いに他社の模倣をしながら同じ分野に殺到し，流行をつくりだす．インターネットブーム，バイオブームといった過熱を招くことは，ベンチャーキャピタル経営の健全化のためにも，ベンチャーキャピタル産業の発展のためにも好ましくなく，解決の待たれる課題となっている．

演・習・問・題

問1 ベンチャーキャピタルを銀行，証券会社等，他の金融機関と比較し，それらの類似点と相違点を列挙しなさい．
問2 どの国でも経済活性化には起業活動を活発化させることが必要といわれるが，新事業を成功させるためにベンチャーキャピタルが果たす役割は何かをまとめなさい．またその限界についても考えなさい．
問3 あなたがベンチャーキャピタリストになるにはどんな資質と能力を備えるのが望ましいか，考えなさい．

参考文献

Allen, K. R. (2003) *Bringing New Technology to Market*, Prentice Hall.
Gupta, U. (2000) *Done deals : Venture capitalists tell their stories*, Harvard Business School Press.（楡井浩一訳『アメリカを創ったベンチャーキャピタリスト』翔泳社，2002年）
中小企業庁編（2005）『中小企業白書　2005年版』ぎょうせい
秦信行・上條正夫編著（1996）『ベンチャーファイナンスの多様化』日本経済新聞社

松田修一 (1998) 『ベンチャー企業』日本経済新聞社
財団法人ベンチャーエンタープライズセンター (2004) 「平成16年度ベンチャーキャピタル等投資動向調査」

―――《推薦図書》―――

1. 浜田康行 (1998) 『日本のベンチャーキャピタル 新版—未来への投資戦略』日本経済新聞社
   ベンチャー企業金融におけるベンチャーキャピタルの発展と展望.
2. 監査法人トーマツ，日本政策投資銀行企業創出・再生研究グループ編 (2004) 『ベンチャービジネスのための資金調達実務ガイドブック』中央経済社
   企業の成長段階別ファイナンス手法，活用戦略と実務上の留意点.

第11章の要約

　ベンチャービジネスがいかに生まれるかについては，各国に共通するメカニズムが存在するが，さまざまな要因が作用して，国ごとにベンチャー企業の特質は異なってくる．

　アメリカで産業再生に大きな役割を果たしたベンチャービジネスのあり方は，わが国に経済活性化のひとつのモデルを提供してくれる．日本では開業率が90年代から低下傾向にあり，アメリカと比べてきわだって低い水準にあることから，起業エネルギーは衰退気味にみえるが，日本人が生来アントレプレナーに不適ということではなく，バブル崩壊以降の長期不況が，人びとのリスク回避傾向を強めた結果である．

　起業を支援すべく，日本でも公的なベンチャー支援制度は，アメリカをモデルにかなり整えられている．問題は，制度が機能するための土壌の違いにあり，潜在的起業家のもつ技術やアイデアを事業に仕立上げ，成長させていくサービスに従事する多数のプロフェッショナル層とその緊密なネットワークが存在するか否かが，日米間にベンチャービジネスを立ち上げるエネルギーの差を生んでいる．

　技術系のベンチャービジネスにおける日米の大きな差異は，アメリカのベンチャー企業が大学発の技術を盛んに活用するのに対し，日本では企業内で開発された技術をもとに起業する事例が多いということである．大きな構図でみれば，日本の人材と技術は依然として大企業に偏在しており，起業を活発化するには，より一層スピンアウトの増加を促すような施策が重要である．

第11章 ベンチャービジネスの日米比較

I. 日米比較の意義と方法

(1) ベンチャービジネス日米比較の意義

　ベンチャービジネスとは，ベンチャー企業が行うビジネスの意味である．しかし本章では，議論が煩雑になるのを避けるため，厳密な区分を必要とする場合を除き，ベンチャービジネスをベンチャー企業そのものの意味でも使っている．

　ベンチャービジネスが注目されるのは，それが，新たな高度技術の開発，今までにないサービスの提供，既存のビジネスモデルの転換といった，いわゆるイノベーションの推進力となり，大企業体制の下で活力を失った経済，産業に成長エネルギーを呼び戻し，国際競争力を強化して，雇用の創出に貢献すると期待されるからである．アメリカでは，カリフォルニア州シリコンバレーとマサチューセッツ州ルート128の両地域を中心に，多くの有力なテクノロジー主導型のベンチャービジネスが輩出し，1970年代から80年代にかけて，不振に陥ったアメリカ経済を活性化させるうえで大きな役割を果たした．その意味で，アメリカは，ベンチャービジネスの振興を考えるわが国にひとつのモデルを提供してくれる存在であることは間違いない．ベンチャービジネスの日米比較を行う意味はここにある．

　しかしながら，この比較においては，アメリカにあって日本にないものをあげつらい，アメリカは進んでいる，日本は遅れているといってみても意味はない．日本はアメリカと同じにはなれないし，なることが良いとも限らないのである．ベンチャー企業群は，国民経済の中では中小企業に属し，そのありようは，各国の経済産業構造や，これまでの中小企業政策の内容や，商取引の習慣や，ひいては文化や人びととの社会意識などによって規定され，国によって様相を大きく異にする．本章では，日本ではどうすれば起業活動を活発化させ，成長のエネルギーにあふれる，魅力豊かなベンチャー企業をひとつでも多く生み

出すことができるのか，という問題意識を基盤にしつつ，日米のベンチャービジネスの現状をみていくこととする．

(2) ベンチャー企業発生モデル

　革新的な技術や新しいビジネスアイデアを事業化することをこころざす，起業家精神あふれる創業者に率いられた，小規模の若い企業，どの国にでもあてはまる平均的なベンチャー企業の輪郭は，こうしたものであろう．しかしその細部は，当然ながら国ごとに相違するわけで，それらを国際比較するにおいては，個々の相違点を列挙し，比べてみるだけでは意味がない．重要なことは，各国に共通するベンチャー企業発生のメカニズム，いわば「ベンチャー企業発生モデル」を描き，それを念頭に置きながら，同じモデルから，なぜ国ごとに違ったベンチャー企業の特質が生まれるのかを考えることである（図表11－1参照）．

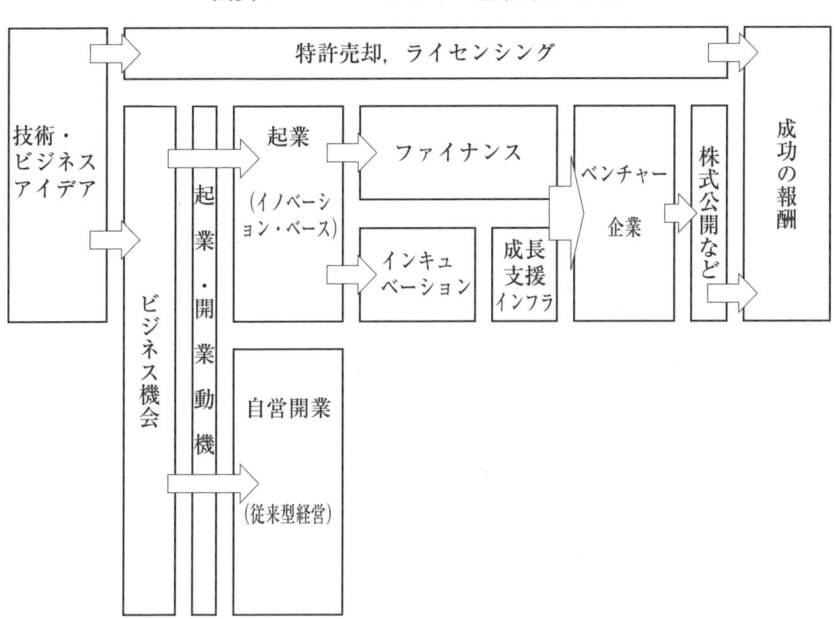

図表11－1　ベンチャー企業発生モデル

第11章 ベンチャービジネスの日米比較

　新しい技術やビジネスのアイデアが，新しい事業として結実するまでの過程は，どの国でも同じといってよい．

　新しい技術やアイデアは，適切なビジネス機会にめぐり合って初めて事業化できる．生み出す製品やサービスが消費者によって魅力あるものとして受け入れられ，購入されなければ，どんなに優れた技術でも，驚くべきアイデアでも，事業としての成功を保証しない．現時点での消費者の需要が確認されるか，あるいは，政治，経済，社会構造，環境，人びとのライフスタイルなどの変化，つまりは大きな時代変化の方向からして，近い将来に需要が出てくると判断されれば，ビジネス機会は存在するといってよい．ここで人は事業化の構想を練りはじめる．

　事業化の構想を実行に移すものは，旺盛な事業意欲である．自分のビジネスを立ち上げたいという強い思いが，人を創業という行動に駆り立てる．この際，開始する事業の狙いや，創業者の事業拡大意欲の強弱などによって，創業は2通りのスタイルをとる．ひとつは，選んだビジネスにおいてイノベーションの実現をはかり，高成長を目指す，いわゆるベンチャービジネスとしての創業であり，もうひとつは，従来型ビジネスの分野か先端分野かを問わず，当面は家計維持のための収入確保を主目的に，できれば事業と自分なりのライフスタイルの維持との両立をも目指す，自営業としての創業である．前者を行うものは起業家すなわちアントレプレナー（entrepreneur），後者は自営業者すなわちセルフ・エンプロイド（self-employed）とよばれる．このうち起業家に対しては，その成功を促すための官民両面でのさまざまな仕組みが準備されており，サポーターたちが，ベンチャー企業の成長がもたらす雇用拡大や投資利益などといった，公的，私的な経済利益を期待して支援を行う．

　このベンチャー企業発生の構図は，一般的なモデルとしてどの国にも当てはまり，本章のテーマである日本にもアメリカにも適用できるが，実際にベンチャービジネスの起業が活発に行われているかどうかについては，日米間に大きな格差が生じている．

2. 日米の差異分析

　本節では，ベンチャー企業の数に関連する統計を使って，日米の違いの全体像をつかんでおこう．日本には約470万の事業主体が存在する．そのうち87％は，個人が営む自営業，または会社形態はとっているが実態的には自営業と大差のない小規模な個人経営の企業である（中小企業庁編，2005：383）．

　このうちどれだけがいわゆるベンチャー企業なのかは把握できない．ベンチャー企業という概念が，その製品・サービスや経営の革新性などに注目したきわめて定性的なものであり，統計上で明確な範囲規定ができないからである．ただし自営業や小規模な個人経営の企業という形態は，ほとんどのベンチャー企業が起業後の一時期にとる形態であることから，こうした事業体をベンチャー企業の輩出源とみて，その動向を通じて間接的にベンチャー企業の動向の把握を試みることはできよう．

　会社形態のものも含めて，日本における自営業の推移を概観してみよう．1980年代初めまで増え続けた自営業者の数は，その後80年代後半には高水準での横ばい状態に入り，やがて1990年代には減少に転じた．減少傾向は今世紀に入ってからも止まらず，1990年を100とした指数でみると，2004年の自営業者数は77.6と，大きな落ち込みを示している．とくに注目すべきは若・中年層の自営業参入者の減少で，総務省の労働力調査によると，1960年代生まれの層にこの傾向が強くみられ，その結果，日本の自営業者の高齢化が進展しているという（中小企業庁編，2005：234）．90年代の日本経済はバブル崩壊期，かつ産業空洞化の進展期で，企業による人減らしによって被雇用者の立場は不安定化したものの，不況の中で独立して事業を始めることの困難に直面し，人びとはリスクを回避する傾向を強めたのである．

　アメリカではどうか．アメリカの自営業者（self-employed）の数の推移を，会社形態で業務を行っているものも含めてみてみると，1990年を100とした指数は，2003年には117.5と増加しており，同期間に大幅減少を示した日本と

は対照的な姿を示している．さらに年齢構成でも違いは際立っており，2004年の調査によると，アメリカでは全自営業者数に占める44歳以下の層と45歳以上の層の比が46対54となっており，24対76の日本に比べて，アメリカの自営業者の平均年齢が若いことがわかる（中小企業庁編，2005：36）．

開業率を指標とした場合も，日米の違いは明らかであり，アメリカの14%（1997年時点）に対し日本は4%前後（96～99年平均4.1%，99～01年平均3.8%）と低いが，これは，とくに自営業や小規模企業の開業率が減少しているためといわれている（中小企業庁編，2005：229）．ベンチャー企業育成の必要性が叫ばれる中で，日本では，ベンチャー企業の輩出源である小規模ビジネスの新規開業エネルギーは，むしろ衰退気味に推移しているといわざるをえない．

3. 起業活動の格差要因

前節でみたように，日本の起業活動は，アメリカに比べて力強さに欠ける．ベンチャー企業発生のメカニズムが図表11－1のとおりだとすると，起業活動が活発化しない原因は，理論上6つ考えられる．それらは，

① 新技術やビジネスアイデアの供給源が限られている．または，ベンチャー企業にとって，新技術やビジネスアイデアの供給源へのアクセスに制約がある．
② 新ビジネス，新企業を受け入れる市場が狭く，ビジネス機会に乏しい．
③ 起業しようという動機が弱い．起業意欲が低い．
④ アントレプレナーすなわち起業家に適した人材が不足している．
⑤ 潜在的な起業意欲は旺盛だが，資金の供給が少ないため実現がむずかしい．または，インキュベーション施設をはじめ，支援のためのシステムやネットワークが弱く，実現がむずかしい．
⑥ 成功の報酬が少ないので，リスクをとる意欲がわかない．

の6つである．

これらのうち，日本ではどの要素が強く働いているのだろうか．そして，そ

れらの問題はアメリカには存在しないのだろうか．日米間のどんな差異が，起業活動の差を生んでいるのか．ここからは，これら6つの要素について詳しく検討していくことにしよう．

(1) 新技術の供給源

　ベンチャービジネスが盛んになるためには，起業家が利用できる新技術やビジネスアイデアの供給源が多いほうがよい．技術に関していえば，どの国においても，新技術の源泉はアカデミックセクター（大学・研究機関）かビジネスセクター（企業）のいずれかであるが，これらの利用状況については，日米間で明らかな違いがみられる．アメリカのベンチャー企業では，ビジネスセクターからの技術に加え，大学から発した技術が盛んに活用されているのに対し，日本では，企業内で開発された技術をもとに起業する事例が多く，大学の研究成果への依存度は低いのが特徴である．

　アメリカのベンチャー企業が大学発の技術を盛んに活用しているということは，つぎの2つの現象から結論づけることができる．第1に，大学の博士課程在学中や，その後の研究過程の中で開発した技術を，学生，研究者，技術者が事業化しようとするケースが多いことである．ハイテク指向型のベンチャー企業には，こうした若手の高学歴者によって起業されたものが多く，大学の研究成果が，起業時の技術の中核として生かされている．第2に，アメリカでは，多くの大学の技術移転推進機関（technology transfer office：日本のTLOと同じ）が，1980年のバイ・ドール法（政府の補助金による研究から生まれた技術であっても，大学に所有権を認めるとした法律）成立以来という長い活動暦をもち，企業との特許ライセンス契約を進めると同時に，研究者のスピンアウトという形でのベンチャー企業の設立も積極的に支援しており，ここでも大学の研究成果が，起業に活用されているといえる．

　一方，日本においては，大学の研究室が開発した技術の商業化については，政府による推進キャンペーンが行われているものの，大学発の技術型ベン

チャー企業の起業事例は少ない．これはもともと日本の大学に，産業界にとって商業化の可能性と魅力をもった技術が少ないことによるが，大学関係者が，ベンチャーやTLO活動にこれまで積極的でなかったことにもよる．

一方，企業発の技術についてはどうだろうか．日本の場合，企業での勤務や研究活動を経験したのち，そこで開発した技術や，身につけたノウハウを活用して起業を行う事例が数多くみられる．とくに技術指向のベンチャー企業の創業者に，勤務先企業からの独立組が多いのが特徴である．

結局，日本の場合，テクノロジー指向のベンチャービジネスにとって，技術の供給源はビジネスセクターに偏っており，アメリカよりも狭いといわざるをえない．これは，日本の起業件数が，とりわけ技術系ベンチャービジネスの起業件数が増えない一因と考えられる．

(2) ビジネス機会

ベンチャー企業がビジネス機会をとらえようとする場合，3つの点が重要である．第1に，これから事業を営もうとする国や地域の経済が好調で，新製品，新サービスへの豊かな購買力があるのが望ましい．不況が続く状況の中で売上げを確保するのは，新興企業にはとくにむずかしく，業種選択が成功の鍵になることが多い．第2に，事業を起こすタイミングが適切であることである．新製品や新サービスは，消費者にその有用性が理解されないうちに，あまりに早くマーケットに登場しても失敗するし，すでに競争企業が市場占有率を高めてから登場しても，手遅れになる．これら2点については日米にとくに差異はない．

第3に，まだ業歴が浅く，知名度が低く，事業規模も小さいというハンディキャップを負ったベンチャー企業が成長を遂げるためには，市場が，そうした新しい企業にも開放されていなければならない．この点，アメリカにおいては，もともと企業間の取引関係がオープンで，製品やサービスの価格，品質が合理的であれば，マーケットで名前の通っていない新設企業とでも取引を開始する

柔軟さが存在する．一方，日本では，グループ企業や協力会社など，身内との安定的な取引関係を重視し，新しい購買先との取引開始には消極的で，きわめて厳格な審査を経てはじめて新顔を受け入れるなど，概して硬直的であり，ベンチャー企業には厳しい環境となっている．

　市場開放に関しては，公的部門の市場が開放的か否かも重要である．どの国でも公的部門は巨大な消費者であり，政府が，調達する製品やサービスの一定割合をベンチャー企業から購入するという政策をとれば，ベンチャー企業向けの市場を創造するという意味で有効であることは容易に想像できる．アメリカでは1983年に，中小企業イノベーションプログラム（Small Business Innovation Research Program = SBIR）が創設されており，研究開発予算の外部への委託額が所定の額を超える省庁に対し，その一定割合（現行 2.5%）を中小企業向けに支出することを義務づけている．これまでに SBIR で支給された金額は総額 150 億ドルを超えており，アメリカでの起業促進と，ベンチャー企業のビジネス機会拡大に貢献しているといってよい．SBIR は，中小企業技術革新制度と称して，1999年に日本にも導入されており，どんな成果が出るか，注目されている段階である．

(3) 起業意欲

　起業意欲が旺盛な社会ほど，起業活動は活発なのは当然と思える．しかし両者の関係は意外と複雑に入り組んでいる．

　人が起業を決意する動機には，「pull 動機」と「push 動機」がある．pull 動機とは，高い収入の可能性を求めたい，自己の知識，技能，能力を十分に発揮したい，オーナーとして会社経営を思うように進めたいなど，人を事業主となることの魅力に引きよせる動機であり，push 動機とは，失業した，組織の中での仕事や処遇や上司に不満がある，他に生活の糧を得る手段がないなど，人を事業主という選択肢へ押しやる動機である．pull 動機が強い場合は，どんな国でも人は活発に起業するが，push 動機が強い場合は，その国の社会風土や

文化によって，人の行動が違ってくる．

アメリカの場合，1970年代から80年代にかけて，国際競争力を高めた日本などに産業の基盤を揺るがされ，大企業を中心に雇用調整が急速に進んだ．それに対し政府は，雇用の受け皿として，ベンチャー企業を含む中小企業の役割を重視する政策をとった．こうして起業を促進し，ベンチャー企業を育てるための諸施策が推進されたのであるが，注目すべきは，当時のアメリカでは，政府の施策に反応して実際に多くのベンチャー企業が誕生し，イノベーションと雇用創出をリードしたということである．push動機をもつ人びとが，不況下での創業というリスクと困難を引き受けて，自前の事業に乗り出したことは，アントレプレナーシップに必要な挑戦の精神が，アメリカの文化，習慣，社会システムに根づいていることを感じさせるものである．アメリカでは，適切な支援・育成策さえ与えれば，どんな経済局面でも，起業意欲の旺盛さが実際の起業行動として表出するといえよう．

日本では，90年代から2000年代初めにかけて，起業意欲は大きく落ち込んだ．90年代の長期デフレ経済の下，企業業績は悪化，倒産と失業が増加した．こうして失業の圧力によって，人びとを自前の事業経営という選択肢へ押しやるpush動機は強まったはずであったが，日本では，起業リスクの高まった不況の下では，事業をはじめようとするものが激減し，転職を希望する場合でも，あくまでも被雇用者として次の勤務先を探す場合が多く，自分で事業はしないという人の割合が増加した（図表11－2参照）．

結局，こうしてみてくると，仮に日本でアメリカと同じ起業促進策を導入したとしても，アメリカ並みの開業率は達成できないだろう，という仮定をおいてみたい誘惑に駆られる．アメリカのバブソン大学などが行っているGEM（Global Entrepreneurship Monitor）とよばれる一連の年次調査で，アメリカは「起業活動指数」（Total Entrepreneurial Activity = TEA）が上位にある（2004年時点で，OECD主要22ヵ国中第4位）．一方，日本は最下位国という位置にあり，起業意欲の面で大きな差があることは否定できない．

図表 11 − 2　自分で事業をしたい人の比率 (年齢別転職希望者に占める「自分で事業をしたい人」の比率)

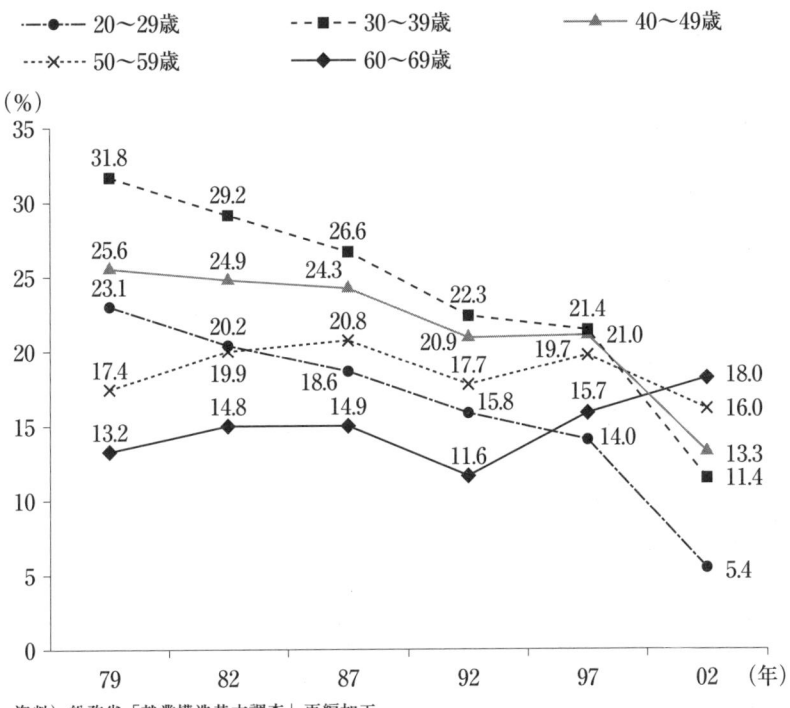

- ●　20〜29歳
- ■　30〜39歳
- ▲　40〜49歳
- ×　50〜59歳
- ◆　60〜69歳

年	20〜29歳	30〜39歳	40〜49歳	50〜59歳	60〜69歳
79	23.1	31.8	25.6	17.4	13.2
82	20.2	29.2	24.9	19.9	14.8
87	18.6	26.6	24.3	20.8	14.9
92	15.8	22.3	20.9	17.7	11.6
97	15.7	21.4	21.0	19.7	14.0
02	5.4	11.4	13.3	16.0	18.0

資料) 総務省「就業構造基本調査」再編加工
出所) 中小企業庁編 (2005：243)

とはいえ，アメリカだけをみて絶望する必要もない．たとえばイギリスのような，現在は TEA ランキングの高い国 (9 位) をとってみるとよい．かつては大企業と国営企業が硬直的な産業システムを形成し，国家経済破綻の危機に直面していた国が，1979 年のサッチャー政権登場以来，いかにして自営業者と起業家を尊重する社会を作るかを一貫して主要な政策課題とし，努力した結果，起業家精神の定着をみた．「各国の新規開業率は，その国の文化によって影響されうる」(Gavron, R. et al., 邦訳, 2000：19) ものであるが，同時に適切で継続的な政策努力の結果でもあることを忘れてはなるまい．

図表11－3　起業活動指数（TEA）

順位	国名	TEA
1	ニュージーランド	14.7
2	アイスランド	13.6
3	オーストラリア	13.4
4	アメリカ	11.3
5	カナダ	8.9
6	ポーランド	8.8
7	アイルランド	7.7
8	ノルウェー	7.0
9	イギリス	6.3
10	フランス	6.0
11	ギリシャ	5.8
12	デンマーク	5.3
13	スペイン	5.2
14	オランダ	5.1
15	ドイツ	4.5
16	フィンランド	4.4
17	ハンガリー	4.3
17	イタリア	4.3
19	ポルトガル	4.0
20	スウェーデン	3.7
21	ベルギー	3.5
22	日本	1.5

注）　TEAは，各国の起業活動者数を指数化したもの．起業活動者には，独立してあるいは組織内で起業準備中であり，そのプロジェクトからまだ収入を受け取っていない個人，すでに起業したがまだ初収入から42ヵ月未満の個人が含まれる．
出所）Zoltan, J. A. et al.（2005：17）

（4）起業家に適した人材

　起業家は，一般にどのような気質を備えているのか．この点については，経営学，心理学，起業論などの分野で幅広い研究が積み重ねられている．多くの論者は，目的達成意欲が強い，進取の気性に富む，独立心が強い，適度にリスクを取る，支配願望が強い，柔軟で機会主義的，カリスマ性があるなどの諸点を特徴として挙げている．こうしてみるかぎり，独立心の強さに少し懸念はあるものの，日本人は生来アントレプレナーに不適だと考える必要はなさそうだ．実際，日本においても，終戦直後から1950年代にかけて，起業エネルギーにあふれた時代が存在し，ソニー，ホンダ，オムロン，カシオ，京セラなど，現在のグローバル企業の多くが創業されている．

起業に至るまでの職業経験の重ね方には，日米間で差異がみられる．アメリカでの典型は，「就職3～4年後に，経営学修士（MBA）で学び，起業したいと考える事業を研究し，成長している100～200人規模の企業にマネジャーで就職し，幅広い経験を積み，起業時の仲間を探しながら，10年前後で2～3社転職して起業する」パターンだという（松田，1998：44）．

　一方，日本の起業家については，2つの類型が挙げられる．第1は，高学歴ではないが，企業の現場での長い実務経験の中で技能を蓄積し，それを基盤として独立する型であり，第2は，テクノロジー分野での高等教育を経て大企業に就職し，実績を残しながらスピンアウトを計画，やがて起業にいたる，いわばハイテクエリート起業家という型である．現在は前者が圧倒的に多いが，今後，後者が増加する可能性も指摘されている（榊原ほか，1999）．

　革新的な製品，サービスを生み出すべく常に研究，開発を目指す，いわゆるベンチャー企業としての方向に，自分の会社を向けるか否かは，個々の起業家の経営戦略いかんにかかっており，実務ベース型起業家にも可能な選択である．現に，実務ベース型の零細規模企業がベンチャービジネスへの転進に成功し，独自技術で世界のオンリーワン企業になる例もある．とはいえ，そうした，いわば町の小企業の出世物語が有名になること自体，ベンチャービジネスへの転進が簡単なことではないという証左であり，結局，ベンチャーの起業件数とその成功確率を大きく引き上げるには，ハイテクエリート型起業家の供給を増やす必要がある．そのためには，企業内の高学歴技術者で独立指向の人材を，起業に適した能力を備えた人材へと育てていく必要がある．つまり，潜在的起業家への起業教育が求められるのである．起業教育を行う大学や大学院レベルのコースを増やすことは，ベンチャー企業増加のための，有力かつ現実的な方法のひとつであろう．

　起業をめぐる人材の供給という問題については，もうひとつ触れておかねばならないことがある．第10章でみたとおり，日本では，ベンチャーキャピタルによるベンチャー企業への経営参画や，経営層を担う人材の派遣といった支

援が活発でなく，したがって日本の起業家は，起業資金の獲得からその後の経営管理まで，事業運営の全機能をひとりで切り盛りせねばならない立場にある．経営の一部を担ってくれる，共同経営者や支援人材のあてがあれば，潜在的起業家は，起業決行への決断をつけやすいはずであり，その意味で，日本における起業活動の活発化のためには，経営管理能力を備えた人材の一層の流動化と，そのベンチャー企業への回流が必要とされる．

(5) 起業支援のためのシステム

　ベンチャー起業支援のためのインフラについては，第9章で述べられているので，ここでは，日米比較の観点からみた重要ポイントをひとつ指摘しておくにとどめたい．

　現在，ベンチャービジネスへの公的な支援プログラムについては，日米間にそれほど違いはない，といってよい．日本のベンチャービジネス支援策，振興策は，ほとんどアメリカをモデルにして導入されたものであり，ワンストップの支援サービス（米：Small Business Development Center，日：都道府県などの中小企業支援センター），中小企業向け投資ファンド（米：Small Business Investment Companies，日：中小企業基盤整備機構「がんばれ中小企業ファンド」と中小企業投資育成会社），ベンチャー企業向け市場創造（米：Small Business Innovation Research Program，日：新事業創出促進法による中小企業技術革新制度）と，品揃えはほとんど遜色ない．

　問題は，それらの制度が機能するための土壌に違いがあるということである．土壌の違いとは，新ビジネスの核となる技術やアイデアをもった人材を発見すると，彼らを取り囲んで，何とか事業に仕立てさせ，成長させていく，そうしたサービスに従事する専門的職業家が存在するか否かということであるが，アメリカではそれが，大量に存在する．ベンチャーキャピタリストやエンジェル，弁護士，会計士，各種コンサルタント，さらには大学や民間研究所からNPOまで，プロフェッショナルが提供するサービスは，受ける側の起業家にとって

は支援であるが，提供する人びとや機関はそれをビジネスとして行うのであり，起業の成功が直接大きな報酬につながる．起業支援に携わるこれら専門家は，お互いのネットワークを強化して，自らのビジネスの成果を高める努力をしており，結果として起業家支援の層を厚いものにしている．こうした土壌のないところでは，公的な支援プログラム自体をいくら充実しても，なかなか意図した成果はあがらない．日本における起業支援のシステムづくりでは，今後，この点に注目する必要がある．

(6) 成功の報酬

　せっかくベンチャービジネスが成功しても，それにかかわったものが得られる成功の報酬が少なければ，起業に挑戦したり，支援したりする意欲は薄められる．成功の報酬には，成功者としての名声，イノベーターとしての名誉，社会や地域経済への貢献に対する評価など，無形のものもあろうが，金銭的利益を欠くわけにはいかない．日本の場合，ベンチャー企業向けの株式市場の整備が進んでおり，株式公開で果実を得るための制度は確立しつつある．かつては，株式公開したベンチャー企業の平均社歴は，アメリカで5年，日本で20～30年といわれてきたが，日本でも短期化が進み，2001年時点では，JASDAQ市場への公開企業の4分の1が，設立後10年未満の企業となった．

　株式公開による創業者利得の大きさは，その時々の市場実勢いかんで大きく変動するが，起業資金の回収スピードが今までより早くなっているのは間違いない．あとは，ベンチャー企業が投資家の信頼を勝ち得ることが，報酬の多寡につながる．

　また，日本では，最低資本金制度の廃止，LLC（Limited Liability Company. 出資者は有限責任でありながら，税法上は事業利益を個人所得として申告でき，2重課税の回避が可能）という事業形態の導入など，会社制度の改革が進む方向にあり，事業立ち上げのための参入コストが低くなっている．これも，起業家心理には，報酬の増加と同じ効果をもたらそう．

なお，税制面での措置によって起業促進を求める考えもあるが，法人税の水準，個人所得税の累進度，株式売却益課税の方法，相続税の水準等は，当然ながら一国全体の税体系の中で考えるべきもので，ベンチャービジネス振興の文脈だけではとらえられない問題である．

　成功の報酬が小さいのもいけないが，失敗の罰が厳しい場合も，起業行動を萎縮させる．日本に，失敗者に再挑戦を認める社会を実現するには，そうした社会の典型例といわれるアメリカでは，それがいかにしてできあがったのか，また，GEMランキングの高い他の国でも，社会はそうした特徴をもっているのかなどを，研究してみる必要があろう．

4. 日本のベンチャービジネスの課題と方向

(1) 起業支援政策の基本姿勢

　新規開業企業を増加し，ベンチャー企業を増やすための政策には，2つの政策行動のコースがある．すなわち，①全般的な事業環境を改善し，人びとがキャリア選択のひとつとして自らの事業経営という道を選ぶのを容易にすることによって，分野や生き残りの可能性にこだわらず，ともかく開業の件数を増やす（多産多死型），②成功する見込みが高い，少数の，質の高い新規開業企業（とりわけハイテクなど，高成長により，より多くの雇用機会を生み出すであろう分野の企業）を選別し，成長制約要因を取り除き，資源を優先的に供給する（選別育成型），の2つである．

　このうち，成長潜在性をもった企業を選別的に支援する政策が，日本にはまず必要であるといえよう．なぜなら，起業をめぐる現在の日本の問題点は，大企業が中核業務分野へ経営資源を集中し，それ以外は整理するという動きを示す中で，必ずしも社内ニーズに適合しなくなった専門技術者を（起業意欲の高いものも含めて）抱えこんでいるという状況がみられることである．大きな構図でみれば，日本の人材と技術は大企業に偏在している．となると，企業を離れての起業，すなわち，スピンアウトの増加を促すような，選別的支援策が必

要ということになる．大学発ベンチャーの促進は，そのつぎの課題となろう．

(2) ベンチャービジネスの産業選択

　自分の事業を起こすことは，どんな産業分野においても可能である．しかし，その事業を，何かイノベーションの要素を含んだ，先端的で，世界市場も視野に入れうる，高速成長を目指すベンチャービジネスとして育てていこうとするならば，それに適した産業分野を選ぶ必要がある．アメリカのベンチャー企業群の成功は，なんといっても，パーソナルコンピュータと情報通信機器という産業分野を選択したことにはじまるといってよい．なぜなら，シリコンバレーを中心に，アメリカのITベンチャー企業が興ったとき，それらの分野は，爆発的な需要増加が起きる前夜の状況にあり，しかも「多層的産業構造」(榊原，1999：9) という，ベンチャー企業の参入を容易にする新しい構造をもった産業分野であったからである．たとえばパソコン産業は，IBMのメインフレーム・コンピュータにみられたような，大メーカーが生産過程をすべて社内に取り込んで垂直統合的に生産を行うという業務方法を破壊し，生産過程をいくつもの専門メーカーが独立して分担するという，多層構造を形づくった．小さく特化した市場は，ベンチャービジネスに適しており，新しいメーカーが起業され，そこへの供給者としてのベンチャー企業がまた誕生するという，起業の核分裂現象が起こったのである．

　日本において起業活動を活発化し，成功確率の高いベンチャー企業を輩出するにも，適切な産業選択が必要である．

(3) 開業率の低下阻止

　日本の場合には，ベンチャー企業の輩出源である自営業の開業率が低下しているという問題もあり，事態を複雑にしている．たとえば，ベンチャーキャピタルの投資が，一部の有望ベンチャー企業に集中するとか，中小企業やベンチャー企業向けの公的支援プログラムで，ファイナンスや経営指導コンサルタ

ントの派遣枠を拡大しても，支援の対象にふさわしい企業がみつからず，支援策やファイナンスなどが十分に活用されない事態が生じている．

　企業発の技術系ベンチャービジネスに焦点を絞った支援に加え，広く新規開業件数を増加させるための，幅広く息の長い取り組みも，日本には必要であろう．

演・習・問・題

問1　日本では，昭和20年代から30年代にかけて，現在では世界的に著名になっている企業が，ベンチャー企業として数多くスタートした時期があったが，当時の起業環境はどのようなものだったと考えられるか，述べなさい．

問2　あなたにとって，自分の事業を立ち上げるというキャリア選択は魅力的か，そうでないか，その理由とともに答えなさい．

問3　シリコンバレーが，ベンチャービジネスを輩出する一大拠点になった理由は何か，考えなさい．

問4　インターネット関連分野での起業の成功例を，日本とアメリカからそれぞれひとつ取り上げ，ビジネスモデル，テクノロジー，事業規模，起業家のタイプなど，どこに相違点，類似点があるかを比較検討しなさい．

参考文献

Gavron, R. et al. (1998) *The Entrepreneurial Society*, IPPR. （忽那憲治ほか訳『起業家社会：イギリスの新規開業支援に学ぶ』同友館，2000年）

中小企業庁編 (2005)『中小企業白書　2005年版』ぎょうせい

松田修一 (1998)『ベンチャー企業』日本経済新聞社

榊原清則 (1999)「ベンチャー・ビジネス：日本の課題」科学技術庁科学技術政策研究所第1研究グループ『Policy Study』No. 2

榊原清則・近藤一徳・前田昇・田中茂・古賀款久・綾野博之 (1999)「日本のベンチャー企業と起業者に関する調査研究」『政策研ニュース』No. 128，科学技術庁科学技術政策研究所

Zoltan, J. A. et al. (2005) *Global Entrepreneurship Mouitor 2004 Executive Report*, Babson College and London Business School.

―――《推薦図書》―――

1. Timmons, J. and Spinelli, S. (2004) *New Venture Creation: Entrepreneurship for the 21sh Century*, 6th ed., McGraw-Hill.(千本倖生ほか訳『ベンチャー創造の理論と戦略：起業機会探索から資金調達までの実践的方法論』ダイヤモンド社，1997年)(原書第4版の翻訳)

    起業における機会認識の重要性を説く著名なティモンズ・モデル．

2. 小門裕幸(1996)『エンジェル・ネットワーク―ベンチャーを育むアメリカ文化』中央公論社

    シリコンバレーのヒューマンネットワークが育む起業家社会の土壌．

第V部
ベンチャービジネスの育成と支援

- 第Ⅰ部 現代社会とベンチャービジネス
- 第Ⅱ部 起業家とベンチャー企業経営者
- 第Ⅲ部 ベンチャービジネスのマネジメント
- 第Ⅳ部 ベンチャービジネスとインフラ
- 第Ⅴ部 ベンチャービジネスの育成と支援
  - 第12章 ビジネスプランと起業家育成
  - 第13章 ベンチャー企業の支援と育成の課題

ベンチャービジネス
ベンチャリング

第12章の要約

　ビジネスプラン（事業計画書）とは，起業家の目標達成までの過程を記した一種の「地図」であり，建築物でいうと「設計図」のようなものである．

　ビジネスプランの作成にあたっては，目標は高く，しかし，自分の能力を認識したうえで現実を直視した実現性の高い内容とすることが重要である．

　起業家として成功するためには，「細心の準備」と「大胆な行動」，そして，多面的，本質的，長期的視点からの判断を行うことが大切である．

第12章　ビジネスプランと起業家育成

1. ビジネスプランとは

　私たちは，普段の生活の中で何か行動を起こすときに，まずその目的を達成するための最適な手段や方法を考え，そして，決断し行動をしている．

　たとえば，東京から札幌市にいくことが目的であれば，所持している資金面や目的の内容などによって飛行機でいくか，あるいは電車や自動車を使うか等，交通機関手段を選択したうえで，さらに時刻表や道路マップなどを参考にして決断をする．

　ビジネスプラン（事業計画書）も同じように，これから事業を起こそうとする起業家がその目的を達成するまでの手段や方法について，周辺の諸環境を把握して自分のもっている資源（ヒト・モノ・カネ・情報などの経営資源）を最適かつ効果的に活用できるような事業の計画書ということができる．

　いわば，ビジネスプランとは起業家にとってゴールまでの道筋を具体的に表わした「地図」であり，建築物でいう「設計図」のようなものといえる．

2. ビジネスプラン作成の留意点

　同じ地図であっても，ビジネスプランは最近の精度の高いカーナビゲーションと違ってきわめて不透明感の強い内容といえる．

　すなわち，ビジネスプランの作成者である起業家は一般的には経営経験に乏しく，周囲から入ってくる情報量も限られており，まるでほとんど情報のない未踏の山へ意欲とチャレンジ心のみで登るような状態と似ている．

　このため，せっかく事業を開始する前にビジネスプランを作成しても，その内容の不確実性から，途中で計画変更を余儀なくされたり，場合によっては事業の続行自体が不可能となるケースが数多くみられる．

　ちょうど，ずさんな計画によって山登りを決行し，途中で目指す目標がみつからずに迷ったり，最悪の場合には遭難したりする状況と同じように．

それでは，より確実性が高く実現可能性のあるビジネスプランを作成するためのポイントは何か，その留意点を以下に挙げる．

(1) 自分自身の能力を知ること

物事を決断し，実行するためには，まず自分のもっている能力を自分自身で知ることが大切である．

山登りの例でいえば，8,000m級の山を到達目標にしたいと考えても，自分の登山経験や技術，そして基本的な体力がなければ，到底制覇することは不可能といえよう．

このように，理想は高くもっていても，現実としての自分の能力をさまざまな面から把握しなければ目標への到達は困難である．

ビジネスプランの作成も同様で，目標を高くもっている企業ほど，ある意味では成長する確率は高いが，しかしながら，自己の能力を超えて急速に目標を達成するためにはきわめて高いリスク（危険）と勝算のない賭けを伴わなければならず，この結果，途中で挫折する可能性もかなり高い．

事業の成功確率を高めるビジネスプランを作成するためには，まず，自分自身の能力を自らよく把握するとともに，経営の専門家など他人の意見を聞きながら細心の注意を払って内容を検討していくことが求められる．

(2) 起業する事業の環境を理解すること

起業する事業には，まったく新しいビジネスモデルや新製品・サービスによる新市場へ出現するケースもあれば，すでに市場へ出回って成熟された市場へ進出する場合もある．

一方，社会環境などの変化によりそれまで主流であった製品やサービスが市場から消え去り，代わりに新たに変化した製品やサービスが発生してくるケースもよくある．

たとえば，洋食店といえば従来はフランス料理が中心であったが，現在はイ

タリア，ロシア，ドイツ料理をはじめ，これらをミックスしたような飲食店も出現しているし，メニューや味も時代とともに変化している．

ちなみに，コンビニエンスストアの商品については，年間数百アイテム（品目）が入れ替わっているという状況にある．

このように，起業家にとっては自分が創業しようとするビジネスについての業界環境や社会変化などをよく把握し，それらの方向性とマッチングしたビジネスプランを作成する必要がある．

(3) 外部のブレーンを活用すること

多くの起業家は当然のことながら実践面での経営経験の未熟さがウイークポイントである．

一般的には，「良いものを作る」，あるいは「早く販売実績をあげる」などの業務を優先し，会社案内やパンフレットづくり，各種契約書類等の整備や準備などは以外に後回しにしがちとなる．

しかしながら，会社案内やパンフレット類はもっとも重要な営業ツールといえるし，税務署や業種によっては保健所などへの営業開始届けを出さなければ事業自体をはじめることも不可能となる．

また，資金調達や損益計画などの計数面についても，経営経験の浅い起業家はどうしても見通しの甘いビジネスプランとなる傾向がみられる（筆者の経験では，建物建築と同様に一般的には起業家の長期的かつ多額の資金計画作成においては基本的に計数面において甘くなる傾向がみられる経験則をもっている）．

このような起業家のウイークポイントを克服し，成功するためのビジネスプランを作成するためには，経営経験の豊かな成功経営者や実績のある経営コンサルタントなど外部ブレーンの意見を取り入れ，活用することを勧める．

しかしながら，これらの有力な外部ブレーンから直接意見をもらうことは通常ではなかなか困難である．このため，経営セミナーや経営者研修会などへの積極的な参加による人脈づくりを普段から心がけるとともに，これらの先輩や

専門家の話を素直に聞くような姿勢をもつことが大切である．

3. ビジネスプランの内容と作成面での留意点

(1) ビジネスプランの内容

起業家がビジネスプランを作成するための標準的な内容としては，以下の項目を挙げることができる．

【ビジネスプランの内容】
① 起業の目的
② 事業の内容
③ 基本的な経営の方向性決定
④ マーケティング計画作成
⑤ 生産計画・マーチャンダイジング計画作成
⑥ 人員・組織計画作成
⑦ 財務計画作成
---

1) 起業の目的

起業の目的とは，起業家が事業をはじめるにあたって「何を目的とするか」ということである．

たとえば，「お金持ちになりたい」という起業家もいれば，「自分のアイデアを製品化するために起業したい」とか，「これまでの業界での経験を活かして独立開業したい」等々，多種多様な目的がある．重要なことは，漠然としたイメージではなく，なるべく具体的な内容とすることである．

上記の例でいえば，「業界の経験を活かす」だけではあまりにも漠然としすぎて，いざ起業しても明確な方向性が定まらず迷走状態に陥りやすい．

それよりも，「業界の経験を活かして5年後に売上高10億円を達成する会社づくりを目指す」という方が，より具体的なビジネスプランとなる．

多くの人間は，どうしても将来を考えるときに楽天的な見方より不安を優先する傾向をもっている．その理由のひとつとして人間は誰でも「先のことはわからない」という事実がある（一般の人びとは明日起こるかも知れない地震で

さえ予知ができないのだから).

　しかしながら，実際の経営者は常に先のみえない不安を感じながらも，これに挑んで目標の達成に結びつけているのである．

　このように起業の目的を明確かつ具体的に設定するということは，ある意味では「起業家への資質を問う」第一歩でもあるといえる．

2) 事業の内容

　実施する事業内容については，起業する以上，おおむね方向性が決定されているはずである．

　問題は，その事業の特徴や業界内での位置，さらに事業の社会的ニーズ等を正確に分析し，把握しているかどうかである．

　たとえば，業界では「後発なのか」，それとも「新しい分野なのか」，また，実施する事業の特徴としては，「同業者と比べて同程度の品質ならば低いコストで生産が可能である」とか，あるいは「業界やエンドユーザーにおける製品品質の評価が高い」などによって，後述するように基本的な経営の方向性に大きな影響を及ぼしてくるのである．

3) 基本的な経営の方向性決定

　起業の目的と事業の内容によって基本的な経営の方向性が策定される．具体的には，以下の収益算出式から「薄利多売」と「高付加価値」の方向性の組み合わせが基本となる．

　　利益／資本＝売上高／資本×利益／売上高
　　（資本利益率＝資本回転率×売上高利益率）

　一般的に資本回転率を高めるためには，できる限り販売力を上げる「薄利多売」方式が採用され，売上高利益率の増加のためには「付加価値を高める」製品づくりを目標とする．

　「薄利多売」を実現するための基本はつぎのとおりである．

・原価をはじめ経費全般のコストを下げて競争先より安い販売価格が設定できること
・薄利であるため多売を実現するための市場を確保すること

一方,「高付加価値」を実現するための基本としては以下のポイントを挙げることができる.

> ・購入客が他の同様な製品と比較して高い価値を認め,なおかつ高い金額を支払ってでも購入したい製品であること

たとえば,起業が業界後発段階で,市場をすでに先発企業が支配している場合は先発企業以上に低価格で市場参入を行うか,あるいは先発企業にない特徴や差別化をもったビジネスモデルや製品をつくって顧客に認めてもらうことで市場参入を図るなどの基本的方向性を決断しなければならない.

なお,これまでの市場になかった新しいビジネスモデルや新製品で起業する場合には,まずこれらのビジネスモデルや新製品を購入予定者に理解してもらうよう努力と工夫を行い,最終的にはその価値を認めて購入してもらえるような方向性をみつけなければならない.

基本的な方向性としては上記以外にも多くの考え方があるが,ここではもっともわかりやすい内容を参考にあげた.

4) マーケティング計画作成

マーケティング計画作成については,すでに第Ⅲ部の「ベンチャービジネスのマネジメント」のところで詳しく紹介されているので,ここではいくつかの留意点のみについて説明する.

> ・売り先,すなわち顧客は誰かを決める
> ・その顧客の購買特性を把握する
> ・競争先の製品や販売方法,顧客評価などの情報収集を行う
> ・顧客予定者(ターゲット)の購買特性に対応し,競争先の動向を把握したうえで,販売を実現するための製品づくりや販売方法を決める

5) 生産計画・マーチャンダイジング計画作成

生産計画は主として製造業を対象として作成するビジネスプランであり,卸小売業などはマーチャンダイジング(商品政策)計画となる.

生産計画およびマーチャンダイジング計画とも，起業の目的を基にして，経営の方向性やマーケティング計画と関連して作成することになる．
　たとえば，市場占有率を高めるための「薄利多売」の経営方針のもとで，競争先と同品質の製品をより安く販売する計画であれば，原材料の仕入れ価格や製造コストを低減する努力を優先した生産計画を作成しなければならない．
　また，競争先企業より高付加価値製品づくりを経営の基本方針とすると，製品自体は当然のことながら付加価値を高めるような周辺技術力の向上が求められる．
　マーチャンダイジング計画においてもやはり同様に経営の基本的な方向性とマーケティング計画との関連をもったビジネスプランづくりをする必要がある．

6）人員・組織計画作成

　人員計画は起業するにあたって目標を達成するために必要な人員の確保とその育成などを主眼として作成する．
　起業段階における必要な人員とは，あくまでも目標達成を基本とするもので，人数より起業目的に沿った「同志」的な人員の確保を中心に考えることが大切である．
　そのためには，採用時に起業家自身が自分の目指す方向性（経営理念）をよく説明し，納得した人を雇用するようなビジネスプランとすべきである．
　組織計画においても同様で，いたずらに役職名をつけた組織図を作成するより，いかにして起業の目的を達成できる組織とするか，すなわち，実践的で効率的な組織づくりを優先しなければならない．
　そのためには，起業家として形式的ではなく，実利を目指したビジネスプランの作成を意識して作成することである．

7）財務計画作成

　財務計画は，大きく分けて「投資・資金調達計画」「損益計画」「資金繰り計画」が中心となる．
　これらの諸計画はこれまで述べたすべてのビジネスプランの項目を数値化し

て表現する形式をとる．

　以下，各計画の内容と留意点を挙げる．

　① 投資・資金調達計画

　投資・資金調達計画とは，図表12－2「必要な資金と調達の方法」のようにこれから事業を開始するにあたって投下しなければならない資金と，その調達方法を計画するものである．

　この中で，とくに留意すべき事項としては実際の投資額は計画投資額以上となる可能性が強いということである．

　このため，計画投資額には必ず予備費として当初目算した投資額の10～20％程度を計上していくことをすすめたい．

　② 損益計画とキャッシュフロー算出

　損益計画の基本的な内容は図表12－2「開業後の見通し」のとおりであるが，ここで留意すべき点としては予定あるいは目標売上高と経費の算出である．

　売上高の基本的考え方は，販売数量（受注数量）×販売単価（受注単価）である．販売単価については顧客の期待と経営方針，競争先との関連などで決定できる．販売数量については正直いってベテラン経営者や実績ある経営コンサルタントでも読み間違えることが珍しくない．

　しかし，だからといってまったくのカンや当てずっぽうの数値を並べることは論外である．

　要は，起業家自身で算出した根拠やベテラン経営者，それに実績あるコンサルタントなどの意見を聞いて決定すべきである．

　ちなみに，この場合，それぞれの立場により違った売上高が算出されるケースがよくあり，当然のことながらこのうちの最終採用は起業家自身の判断となるが，根拠さえ問題なければ低い数値を採用する方がリスクは少ないといえる．

　（注．判断を他人に委ねる起業家は不成功経営者への第一歩である）

　同じように，中・長期計画を作成するときにはあまり楽観的な視点より，なるべく厳しい環境を想定した内容，数値づくりの方が将来の目にみえないリス

ク面を回避しやすいといえる．

図表12−1　売上高予測式（参考例）

```
1. 小売業
   ① 売場面積からの予測
      年間売上予測＝1世帯当たり年間消費額×商圏内世帯数×販売面積シェア
   ② 店頭通行量からの予測
      ａ．1日平均店頭通行量×入店率×購入率×客単価＝通行客売上高
      ｂ．1日平均車両通行量×入店率×購入率×客単価＝通行客売上高
      予測売上高＝（ａ＋ｂ）×営業日数
   ③ 3.3m² (1坪) 当たりの売上高からの売上予測
2. 飲食業，理美容業などサービス業関連業種の場合
   ① 席数からの予測
      年間売上予測＝設備単位数（席数）×客単価×回転数×営業日数
   ② 従業員1人当たり年間売上高からの売上予測
      年間売上高＝従業員1人当たり年間売上高×従業員数（店主を含む）
3. 製造業
   ① 設備の生産能力からの予測
      年間売上高＝設備の生産能力×設備数
   ② 従業員1人当たり年間生産高からの予測
      年間売上高予測＝従業員1人当たり年間生産高×従業者数（経営者も含む）
   ③ 得意先別売上高からの予測
      想定される得意先別の売上高から，売上高を予測する
```

一方，経費とのバランスについては損益分岐点売上高を活用する方法があり，その計算式は，固定費／（1−変動費／売上高）である．

固定費とは：売上高と連動しない固定した費用（歩合制でない人件費・家賃・備品のリース代など）

変動費とは：売上高と連動した費用（仕入材料費・工場電力費・製品発送費など）

損益分岐点売上高はその名のとおり，損益，いわゆる利益か損失かの分岐点となる売上高のことであるが，これを基にして固定費や変動費をどのくらいにすれば目標の利益が達成できるか等の算出が可能となる．

キャッシュフローの算出についての主な目的は手許現金の増減の把握と金融機関への返済財源確保ということができる．

キャッシュフローは，一般的には損益計算書における税引き後の利益と減価

償却費を加えたもので算出する．

③　資金繰り計画

資金繰り計画は，基本的には短期的な資金の安定性を把握するために作成することにあり，その概要は図表12−3のとおりである．

資金繰り計画表は，通常月ごとに現金での入出金のみで作成するため，損益計算上の売上高，利益と相違する場合があるが，しかし，起業家としてもっとも大切なことは日常の現金の状態である．

(2) ビジネスプラン作成面での留意点

1) 目標達成という視点からみて作成すること

ビジネスプランは，起業家の目標を達成するための設計図あるいは地図である．

そして，その目標はすぐに達成が可能な内容のものもあれば，長期にわたって一歩一歩克服して到達する時間のかかる壮大なものもある．

どちらにしても，ビジネスプランを作成するうえで重要なことは，起業家の抱いている目標を達成するための内容が求められ，そのためにはすべての方向を目標達成という視点から統一した内容としなければ意味がない．

長期計画と中・短期計画がつながっていないようなバラバラな方向のビジネスプランでは目先の経営に終始して瞬間的な起業家で終わってしまう可能性が強いといえる．

2) 起業家自身が実行できるビジネスプランを作成すること

最近ではさまざまなビジネスプランの事例集が出ており，また，金融機関やベンチャーキャピタル等に提出する場合にも，それぞれの組織の形式に沿った事業計画書づくりが求められる．

基本的には，これらの各事業計画書は概ね同じような項目・内容となっているが，中には，資金調達を最優先するあまりこれらの組織用のビジネスプランを作成するケースがみられることである．

すでにこれまで繰り返し述べてきたように，ビジネスプランとは起業家が自

分の目的を達成するために作成するものであって，決して他人が喜ぶためにつくるものではないはずである．

このことは，起業家自身が確実に実行できるビジネスプランづくりでなければならない．

3）その他

このほか，ビジネスプランを作成するときの内容や留意点として，将来のリスク回避に向けての緊急避難用の第2プランもつくっておくことを勧めたい．

具体的には，作成したビジネスプランの70～80%の達成率でも経営が可能な内容を把握しておくことである．これは，一見，弱気な考え方と思えるが，事業を経営していくうえでは必ずしも計画どおりにはいかないことが多い（もっと現実的な話をすると，計画どおりいかないことが普通といえる）．

事業を開始する前に，「必死になって汗を流して作成したビジネスプランを信用しないとは」と考える人がいると思うが，しかし，起業家にとっては事業の経営という未知の世界に入っていくのであり，その世界のベテランでさえ常に細心の注意や心がけが求められるのが企業経営である．「細心な注意」を払い，「念には念を入れた」ビジネスプランづくりが求められる．

4. 起業家育成

現在，起業家を育成する方法としては，国や地方自治体などの行政をはじめ各種民間団体，企業，大学などさまざまな組織およびコンサルタント等の個人が実施している．

また，起業家をその字のごとく「これから事業を起こす人」という定義づけでみると，その育成についてはかなり幅広い方法や内容が考えられる．

たとえば，起業家自身のもつ属人的な面からみた育成方法もあれば，経営最高責任者としての基本的な経営知識，さらに実際に行う事業の内容や目標別による育成方法等も考えられる．

このように，一言で起業家育成といってもその内容を掘り下げていくと多様

図表12－2　国民生活金融公庫開業計画書例

開　業　計　画　書

お名前＿＿＿＿＿＿＿＿＿＿＿＿

○お手数ですが、可能な範囲でご記入いただき、借入申込書に添えてご提出ください。

1　事業内容など

業　種		お取扱い品・サービスの内容	
開業されるのは、どのような目的、動機からですか。			
この事業の経験はありますか。（お勤め先、経験年数、お持ちの資格など）			
セールスポイントは何ですか。			

2　必要な資金と調達の方法

必要な資金	金額	調達の方法	金額
店舗、工場など（保証金、敷金などを含みます。）（内訳）	万円	国民金融公庫（環境衛生金融公庫）からの借入	万円
		自己資金	万円
機械、備品、車両など（内訳）	万円	その他からの借入（内訳・返済方法）	万円
商品仕入、経費支払資金などの運転資金（内訳）	万円		
合　計	万円	合　計	万円

100-1115 (7.9T) 50オビ

3　ご予定の販売先・仕入先

	会社名（所在地）	お取引のきっかけ
販売先		
仕入先		

4　開業後の見通し（月平均）

		開業当初	軌道に乗った後（　年　月頃）	売上高、売上原価、経費を計算された根拠をご記入ください。
売上高①		万円	万円	
売上原価②		万円	万円	
経費	人件費	万円	万円	
	家賃	万円	万円	
	支払利息	万円	万円	
	その他（賃借料など）	万円	万円	
	合計③	万円	万円	
利益①－②－③		万円	万円	

5　その他（ご意見・ご要望などがございましたらご記入ください。）

（国民金融公庫申込添付書類）

図表12-3　資金繰り表例

資金計画表（参考例）

	当初計画	1月	2月	3月	4月	5月	6月	7月	8月	9月	10月	11月	12月
1. 前月現金残高													
2. 収入高													
現金収入													
受取手形期日落ち													
その他													
3. 支出高													
材料費													
外注費													
電気料金（70%）													
燃料費													
運賃													
消耗品費													
製造労務費（法定福利・厚生含む）													
製造雑費													
事務管理部門給与（厚生含む）													
旅費交通費													
通信費													
賃借費													
保険費													
水道光熱費＋電気代30%													
事務委託費													
租税公課													
会議費													
事務用品費													
支払手数料													
修繕費													
消耗品費													
雑費													
家計費													
支払利息													
借入金返済													
4. 収支（1＋2－3）													
5. 新規資金調達													
新規借入金													
資本増加													
6. 新規資金投下													
機械購入													
その他													
7. 翌月繰越金													

な育成タイプが発生する．

ここでは，起業家育成の必要性と育成のためのポイントにテーマを絞って述べることとする．

(1) 起業家育成の必要性

これから事業を起こそうとする人（起業家）は，それなりの起業目的と意欲はもっているはずである．

しかしながら，目的と意欲だけの「気持ち」だけでは当然のことながら起業は困難である．

具体的な例でいうと，「自分は月にいきたい」と思っても，今すぐに月に行くことは不可能である．月にいくためには，宇宙のことも知っておかなければならないし，場合によっては宇宙船の操縦方法もマスターしなければならない．また，そのための基本的な知識や資金が必要となる．

このように，起業という目標を達成するためには，そこに至るまでの精神的な準備からはじまって，前述のようにビジネスプランの作成をはじめとして経営を行っていくための最低限度の基礎知識や，トラブル発生時の処置方法等々，起業家を育成するための準備期間が必要である．

(2) 起業家育成のポイント

起業家を育成するためのポイントとしては，つぎのような内容を挙げることができる．

① 起業家としての基本的なものの見方・考え方を習得する．

② 経営に係る基本的な知識のほか，ビジネス上の各種トラブル処理等リスク管理についての知識を習得する．

③ ビジネスプランの作成方法を習得する．

上記のうち，③のビジネスプラン作成についてはすでに前項で述べたので，ここでは，③以外の項目について要点を述べることにする．

① 起業家としての基本的なものの見方・考え方の習得

起業家は将来の経営者として組織のトップになるための基本的なものの見方や考え方を身につけておかなければならない．

このうち，もっとも重要な見方・考え方としては，多くの異なった情報の中から目標へ到達するために最適で効率的，かつ効果的な方向性をみつけて決断を出すことである．

そのためには，普段から積極的な情報収集を行い，自分とは違う意見も聞くことができる度量を身につけ，場合によっては多くの人びとが向かう方向性と違う方向を目指す決断をする勇気をもつ必要もある．

> ＜暗闇での象をみるたとえ話＞
> まったくの暗闇の中で，象とは知らない数人が動かない象に触れたときに，ある人は尾をさわり「ひもであった」といい，ある人は足に触れて「柱のようなもの」といった．一人ひとりはまったく違ったものの見方・考え方であったが，皆の話を総合して推理すると象が浮かんだというたとえ話．
> 要は，「一人だけの力では事実を把握することはむずかしいが，自分とは違う意見であるが，物事を的確に話すことのできる大勢の人の話を聞くことで，事実がわかってくる」という意味である．

ちなみに，陽明学者である安岡正篤などは物事を「本質的」「長期的」「多面的」の3つの視点からみて，決断を出すこと推奨している．

② 経営に係る基本的な知識や各種トラブル処理等リスク管理の知識習得

経営を行っていると，損益計算書上では利益は出ても手元に現金がないというケースが実際に起こる．原因のひとつとして損益計算書上は売上高には売掛金が含まれているためで，昔から「勘定合って銭足らず」という言葉のとおりである．

このように，経営の現場では当初頭で考えていたことが現実になっても，実際とは違った結果をもたらすケースが起こる．

また，販売先との商品や契約トラブルや急激な原材料の価格高騰など，起業段階では想定しなかったようなアクシデントが発生することも多い．

起業家は，このような事業開始後の経営の現場で起こりえるさまざまなアク

シデントなどについてもあらかじめ知識を得ておく必要がある．

> **演・習・問・題**
>
> 問1 起業家にとってビジネスプランをなぜ作成する必要があるのか．作成することのメリットについて考えなさい．
> 問2 ビジネスプランは起業家の理想を実現するための手段であるが，長期的視点と短期的視点との関連性についてはどのように考えるか．
> 問3 粗利益率（売上高総利益率）を出す計算式を述べなさい．

参考文献

伊藤良二（2005）『成功するビジネスプラン』日本経済新聞社
中小企業・ベンチャー企業研究会（2005）『ベンチャービジネスの創り方・運び方』税務経理協会
松田修一（1994）『ベンチャー企業の経営と支援』日本経済新聞社

《推薦図書》

1. 伊藤良二（2005）『成功するビジネスプラン』日本経済新聞社
   ビジネスプランを立てるうえでのフレームワーク全般について具体的にわかりやすく解説．
2. 中小企業・ベンチャー企業研究会（2001）『ベンチャービジネスの創り方・運び方』税務経理協会
   ベンチャーキャピタリストやコンサルタントによる実践的な提言．
3. 松田修一（1994）『ベンチャー企業の経営と支援』日本経済新聞社
   ビジネスプランを作成するうえで基本的な情報を網羅．

第13章の要約

　わが国における本格的なベンチャー企業の支援は1970年代からで，その主役は民間金融機関および証券会社系のベンチャーキャピタル（VC），リース会社などのノンバンクであった．

　行政セクターによるベンチャー企業への支援施策が充実してきたのは1990年代からで，その基になったのはアメリカ型の支援メニューである．

　ベンチャー企業の支援ならびに育成の課題点としては，民間セクターにおいては，「投資の早期回収」や，とくに地方金融機関系VCに多い「ビジネスモデルより保証人などの担保力」など，育成より安全な回収を優先させている．一方，行政セクターにおいては，「支援メニューの消化」を優先し，実施内容についての評価が後回しとなっている点などをあげることができる．

第13章 ベンチャー企業の支援と育成の課題

1. わが国におけるベンチャー企業の支援

(1) 民間セクターにおけるベンチャー企業の支援

わが国における民間セクターによるベンチャー企業への支援としては，古くは「のれん分け」制度にみることができる．「のれん分け」とは，主として卸・小売店，飲食店などに一定期間勤務した従業員を対象として，店主が同じ屋号（商号）や営業内容など使用することを許可し，独立させる制度で，ロイヤリティのないフランチャイズチェーンに近いシステムといえる．

また，明治時代以降のわが国経済の近代化を進める過程においても，私鉄や保険，その他製造業などさまざまな業種において西欧からの新たなビジネスモデル（当時としてベンチャー企業）が導入されており，これらのベンチャービジネスを開始するにあたり，実業家を中心として現在でいうファンド（投資事業組合）やエンジェル（個人投資家）に近い内容でこれらの事業を支援してきた経緯がみられる．

このように，わが国における民間セクターのベンチャー企業への支援は，その時代や企業のビジネスモデルによって支援方法は異なるものの，かなり長い歴史を有しているといえる．

その中で，いわゆるベンチャー企業の支援という名称が表面化してきたのは，1970年代である．

それまでの国内需要および輸出主導型による高度成長期を踏まえて，1970年代に入り，わが国の経済は成熟化した様相を呈していた．この中で新たな需要を創造するビジネスモデルが求められ，一方で品質をはじめ生産体制など世界的にもトップクラスの能力をもった技術力をバックとして，コンピュータ等の新しいツールをシステム化して起業するベンチャー企業が数多く出現してきた．

そして，これらのベンチャー企業を支援するために，多くの銀行や保険会社

がベンチャーキャピタル（VC）やリース会社などのノンバンクを設立し，こ
こに至ってマスコミをはじめ多くの人びとがベンチャー企業とその支援状況に
ついての認識を広くもつようになった．

　その後，わが国経済は1980年代のバブル期を経て，1990年代に入りいわゆ
る「失われた10年」を経験したが，この1990年代の大不況期の克服策として
再度脚光をあびたのがコンピュータソフト業界やインターネットを中心とした
新たなビジネスモデルを有したベンチャー企業であった．

　とくに，1990年代以降におけるわが国のベンチャー企業の支援は，1980年
代の不況期を脱出したアメリカ型をモデルとして，行政が旗振り役を担った形
で実施しており，これに同じくアメリカ型モデルを導入したVCやエンジェル
団体など民間セクターのベンチャー支援が連動し，これまでの民間主導から産
官学をあげてのベンチャー企業の支援体制となっている．

(2) 行政セクターにおけるベンチャー企業の支援

　行政セクターにおけるベンチャー企業の支援としては，1963年の中小企業
投資育成会社法施行に伴う政府系投資育成会社の設立が重要な位置づけをもつ
といえる．

　しかし，中小企業投資育成会社における当初の主業務は，ベンチャー企業へ
の投資というより，既存の中小企業の自己資本力の強化を中心としていた．し
かも，ベンチャーキャピタルのように上場によるキャピタルゲインや企業支配
を主目的としていないため，多くの中小企業（これらの大半は同族企業でもあ
る）は，自社の資本力強化を目的としてこれらの政府系投資育成会社を利用す
る傾向がみられた．

　行政セクターにおけるベンチャー企業の支援が本格化してきたのは，図表
13－1のように1990年代に入ってからである．

　確かに，1970年代のベンチャーブームといわれた時代にも，財団法人研究
開発型企業育成センター（現在のVEC）を設立するなど，当時の通産省（現経

済産業省）を中心としてベンチャー企業を支援する諸制度を打ち出してはいるが，内容面については債務保証や早期減価償却を優先させた投資促進等の金融，税制面が主となっており，現在のように総合的な経営支援というところまでは行き届いていない状況であった．

1990年代以降における行政セクターのベンチャー企業支援制度は，アメリカのベンチャー企業支援制度を基にしてそれまでの支援内容と違ってかなりきめ細かくなっている．

具体的には，国をはじめ地方自治体においても，「創業塾」や「起業家塾」などを積極的に実施して起業前の事前学習を支援しているほか，起業時には数年間の立ち上がり期間をサポートするインキュベーションサポート事業，さらに，その後の運営に係わる全般に関して経営コンサルタント等によるフォローアップまで整備されている状況にある．

(3) わが国におけるベンチャー支援の課題

わが国における多くのベンチャー企業の支援機関が，本格的にその活動をはじめてからの歴史は一部を除いてここ10年から20年程度であり，また，これらの各機関ともまだ豊富な実績を有しているとは言い難い状況にあり，さまざまな課題点も有している．

民間セクターにおいては，とくに地方におけるベンチャーキャピタルは，その設立母体の多くが金融機関ということもあって，一応ベンチャー企業への対応を打ち出してはいるものの，実際は相変わらず昔ながらの不動産担保や保証人の強要，さらに短期的な資金回収を重視した投資活動を実施しているところが多くみられる．

この結果，不動産や手持ち現金，保証人などに乏しい若者などが優れたビジネスモデルを開発しても，起業の第一歩である会社設立さえできず，ましてや事業の開始にはほど遠い状況にある．

一方，エンジェルの存在についてもいくつかの団体における活動成果は出て

図表 13 − 1 『中小企業白書』から見た主なベンチャー支援施策の推移

年	ベンチャー施策等
1963 年	中小企業投資育成株式会社法施行
1963 年	中小企業基本法施行
1975 年	財団法人研究開発型企業育成センター設立
1977 年	昭和 52 年版「中小企業白書」で「研究開発型企業（ベンチャービジネス）の育成促進」の項を入れる（以降昭和 55 年版まで同項目を入れて主として財団法人研究開発型企業育成センターの実績について解説）
1983 年	昭和 58 年版「中小企業白書」で「ベンチャービジネスの現状と今後の方向」の節を入れる
1984 年	中小企業投資育成株式会社のベンチャービジネスへの投資を開始
1984 年	昭和 59 年版「中小企業白書」で「ベンチャービジネスの活力ある展開」の節を入れる
1986 年	中小企業投資育成株式会社の民営化が実現
1987 年	昭和 62 年版「中小企業白書」で「ベンチャービジネスの成功と失敗に見る活路開拓の課題」の項を入れる
1990 年	平成 2 年版「中小企業白書」で「市場環境の変化による開廃業率への影響」の項を入れ，以降の中小企業白書において開廃業率についての分析項目を含めるようになった．また，平成 2 年度の重点施策として「中小企業の起業化支援による地域経済の活性化」を盛り込んだ
1994 年	平成 6 年「中小企業白書」において「中小企業による 21 世紀に向けた創造」の部を設けて創業活動について論じ，以降「創業」に関する部および章や節を設けるようになった
1994 年	財団法人研究開発型企業育成センターを財団法人ベンチャー・エンタープライズ・センター（VEC）に改称
1995 年	中小企業創造活動促進法制定
1996 年	「ベンチャー企業支援情報発信事業」・「ベンチャー企業支援指導事業」等を創設
1997 年	エンジェル税制導入制定
1998 年	ベンチャーリース事業創設
1998 年	中小企業等投資事業有限責任組合契約に関する法律（中小ベンチャーファンド法）施行
1998 年	大学等技術移転促進法制定
1999 年	中小企業経営革新法施行
1999 年	中小企業基本法改正
1999 年	新事業創出促進法施行に伴い，「地域プラットフォーム」を整備
2001 年	新創業融資制度創設
2002 年	中小企業挑戦支援法として，新事業促進法・中小企業等協同組合法・中小企業等投資事業有限責任組合契約に関する法律の改正を実施
2002 年	起業挑戦支援無担保貸出制度の創設

出所）中小企業庁（各年度版）および松田（1994）を基に筆者が加筆

いるものの，総じてわが国の企業風土になかなか根づかない状況にある．

確かに，わが国においては上場会社の株式投資でさえ一種の「ギャンブル」的な見方をする人が多く，ましてや名前もよく知らないような将来性が不透明なベンチャー企業に投資を行うことは「ギャンブル」以上にかなりのハイリスクを伴うものと考えるのが一般的といえよう．

この点は，アメリカなど社会奉仕・貢献を一種のノーブレス・オブリージとしてとらえる国民的道徳観の相違として指摘することができるが，しかし，世界列強国入りへのキャッチアップを目指した明治時代の日本のように，21世紀に入ってグローバル化した新しい時代に向かうわが国企業の育成や発展を考えた場合，これら個人投資家の問題についても産官学全体で解決していかなければならない課題といえよう．

つぎに，行政セクターにおける課題点としては，「支援メニューの消化」を優先し，実施した内容についての評価が後回しとなっている点を挙げることができる．

前述のように，確かに起業する前からその後までさまざまな支援メニューは整備されているが，その多くが年間予算で管理されており，事業の継続的なサポートがしにくく，その結果，どうしても当該年度の予算消化に追われた事業活動になりやすい傾向がみられる．

また，同じような支援メニューを省庁によって重なって実施する，いわゆる縦割り型行政の弊害もあるほか，支援メニューが細かすぎて一般の起業家にとってメニューを探すことさえ苦痛な情報発信の課題点も挙げることができる．

今後は，現在進行中の商法等の改正や行政間での調整を行い，系統立てた使いやすい支援制度にしていく必要性が求められている．

2. ベンチャー企業育成のための課題

ベンチャー企業を育成するための課題として，起業前の段階（準備段階）と起業時もしくは起業後早々に解決しておかなければならない課題の2つに絞っ

て述べる.

なお,起業後ある程度経過した段階においては,ベンチャー企業だけでなく既存の企業も同じような課題が存在するため,ここでは課題として取り上げないこととする.

(1) 起業前におけるベンチャー企業の課題

図表13－2のように起業家が創業するにあたっての動機は,「自分の裁量で仕事したい」が44.2％と半数近くを占めてもっとも多く,以下,「自己実現を図りたい」(39.6％),「専門的な技術・知識を活かしたい」(32.4％),「社会に貢献したい」(30.8％) の順となっている.

一方,同じ調査結果によると,創業時の事業分野を選んだ理由としては,「専門的な技術・知識を活かせる」が60.1％と概ね3人に2人の割合を占め,次いで「創業前までの人脈が活かせる」と回答した人が46.2％と約半数となっている.

このことは,起業前の段階において半数近い人は,「自分の持っている知識や能力を自分の裁量で(他人に干渉されずに)精一杯活かすことで自己実現を図る」ことを目的としており,これを達成するために「それまでの人脈等を活かし成功したい」ということに要約される.

この結果自体は事実であり,一般的にも想定される範囲といえるが,問題は起業前の段階でこの動機や事業活動の準備が可能かどうかということである.

まず第1に,「自分のもっている知識や能力を自分の裁量で(他人に干渉されずに)発揮するために周囲との面倒な折衝も行わず本当にできるのか」ということを真摯に受け止めなければならない.

起業をするということは,多くの場合は数人以内のメンバーで出発し,企画・開発,製造,販売などの主要業務はもちろん,それまで大企業に勤務していた人には経験したこともない事務所内の掃除やお茶入れ,そして,コピー取りといった雑務まで自分でしなければならない.

図表 13 − 2　創業の動機

項目	(%)
自分の裁量で仕事がしたい	44.2
自己実現を図りたい	39.6
専門的な技術・知識を活かしたい	32.4
社会に貢献したい	30.8
より高い所得を得たい	20.9
アイデアを事業化したい	19.7
以前の勤め先の見通しが暗い	18.7
年齢に関係なく働きたい	17.3
経営者として社会的評価を得たい	10.4
時間的・精神的ゆとりを得たい	7.2
以前の勤め先の賃金面での不満	4.9
親や親戚等の事業経営の経験からの影響	4.4
ほかに就職先がない	4.0
不動産など資産を有効活用したい	4.0
その他	14.8

注）　複数回答のため合計は100を超える
出所）中小企業庁「創業環境に関する実態調査」(2001年12月)

　要するに，一部の資金的に余裕ある起業家やビジネス自体を副収入程度でよいと思っている人以外の，一般的な起業家にとってはこれまで以上に自分の働く時間に制約が多くなり，結果的に，残業や休日出勤が増えてくるのである．
　起業早々の段階でマイペースかつのんびり仕事をしていたら，自分の夢どこ

図表13－3　創業後の受注・販売先原因についての平均比率

(%)

創業事業と関連した勤務経験	元の勤務先関連	元の勤務先の取引先	友人・知人	創業後新たに獲得
経験なし	3.0	5.2	13.1	75.3
経験あり	5.7	23.7	13.6	55.3

出所）国民生活金融公庫総合研究所（2004）の資料を基に筆者が作成

ろか毎日の資金繰りでさえ乗り切れない状況に陥ってしまうのが起業の現実である．

また，調査結果をみると，「これまでの人脈を活かす」ことで起業後の販売先をはじめ取引先を確保しやすいと思っている人がやはり半数近くいる．

これもたとえば，長年サラリーマン生活を送ってきた人などは当然これまで築いてきた人脈＝自分の人間性による成果と考えやすいが，実は図表13－3のように元の勤務先および同取引先による受注比率は前職と同じビジネスで起業した場合で30%弱，前職とは関連のない業種での起業のケースは10%にも満たない状況となっており，起業前に考えていたほどの実績を得ることができないのが現実といえる．

(2) 起業時もしくは起業後早々におけるベンチャー企業の課題

ベンチャー企業は，それまでの経験や，独自のアイデア，優れた技術や研究開発実績などを事業化しようとする起業意欲によって設立されるが，しかし，多くの起業家は，当初からヒト・モノ・カネといった経営資源の乏しさが同時について回る．

とくに起業時に多くの課題点として挙げられているのが，図表13－4のように「資金」「マーケティング」「人材」の3点である．

最近では国や地方自治体による創業支援体制も整いつつあるが，しかし，経営経験や実績もない起業家の資金調達の道は現実的にはなかなか厳しいという結果がでている．

これを解決していくためには，まず自分が資金調達可能な範囲から出発する

第13章 ベンチャー企業の支援と育成の課題

図表13－4 創業時の困難性

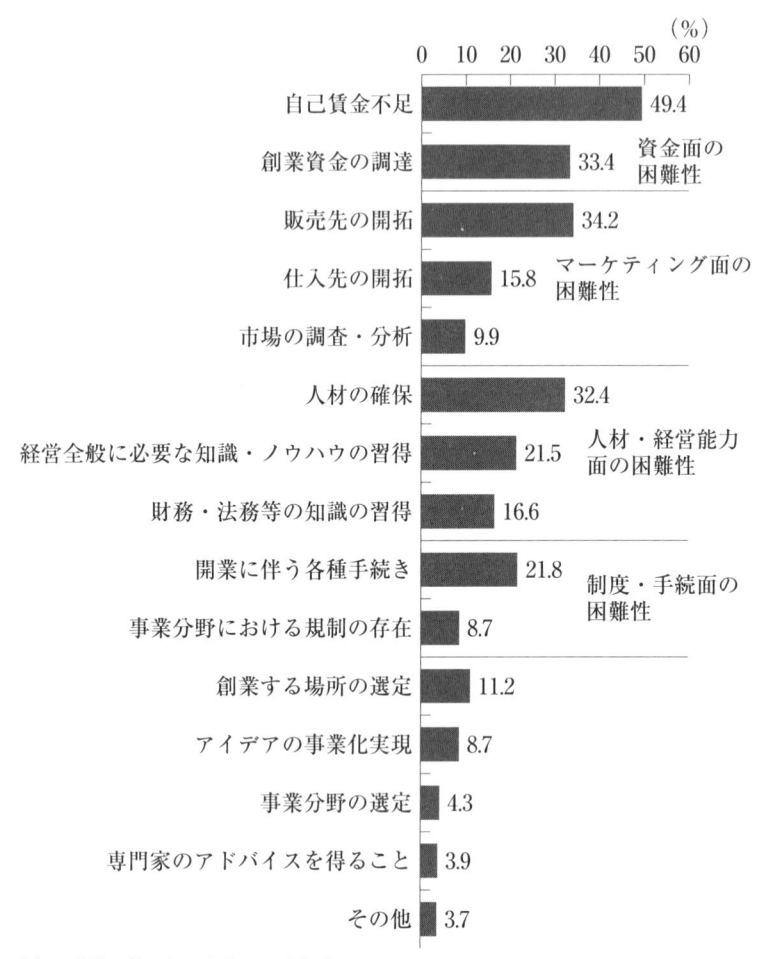

項目	(%)	分類
自己資金不足	49.4	資金面の困難性
創業資金の調達	33.4	資金面の困難性
販売先の開拓	34.2	マーケティング面の困難性
仕入先の開拓	15.8	マーケティング面の困難性
市場の調査・分析	9.9	マーケティング面の困難性
人材の確保	32.4	人材・経営能力面の困難性
経営全般に必要な知識・ノウハウの習得	21.5	人材・経営能力面の困難性
財務・法務等の知識の習得	16.6	人材・経営能力面の困難性
開業に伴う各種手続き	21.8	制度・手続面の困難性
事業分野における規制の存在	8.7	制度・手続面の困難性
創業する場所の選定	11.2	
アイデアの事業化実現	8.7	
事業分野の選定	4.3	
専門家のアドバイスを得ること	3.9	
その他	3.7	

注） 複数回答のため合計は100を超える
出所）中小企業庁「創業環境に関する実態調査」(2001年12月)

か，あるいは，経営コンサルタントなどの専門家と相談して知人，友人などエンジェルの支援を得て個人出資やファンド等を立ち上げたり，公的資金やベンチャーキャピタルへ申し込みを行うなどの種々の方法が考えられる．

また，多くのベンチャー企業経営者は「自分の開発した製品やサービスは良

い製品であり，世の中で必要とされている」と開発面ばかりを強調して自己満足に陥った結果，販売面を重視せずに失敗するケースがよくみられる．

問題は，「良い製品が必ず売れるとは限らない」のである．プロの音楽家が認めるような曲が必ずヒットするとは限らないのと同じである．

マーケティングの項目で述べたように，売るためには製品計画・開発から始まって消費者やユーザーが購入するまでのプロセスについて「仕組み（システム）」をつくり，かつ，自社のファンとなるためのブランド化を構築していくことが大切である．

さらに，ベンチャー企業の設立やその後の運営にとっての「ヒト」も重要な要素となる．

「ヒト」とのつながりは，企業の運営上重要な情報源となり，取引先の紹介まで発展することもある．さらに，起業する内容や起業家の人間性等によっては出資者となって経営を支援してくれる貴重な人たちもいる．

世の中は，人間関係によって成り立っているといっても過言ではない．

よく脱サラ起業家の中には，社内での人間関係が不得意のために事業を起こす人もいるが，筆者の経営コンサルタントとしての経験では，研究業務など一部のビジネスをのぞいて，人間関係を大切にしないで成功した起業家はいないといえる．

また，ひとりでビジネスを行う個人事業家を除けば，雇用している社員をいかに"やる気"にさせることができるか，また，組織づくりという視点からみても規模の拡大とともに管理職などの育成等々の課題も発生してくる．

起業家にとっては会社を起こして経営する以上，「ヒト」は永遠のテーマとして追い続けていかなければならない課題でもあるといえる．

3. ベンチャービジネスを育成するための条件とは

現在，わが国においては産学官をあげて開業率を高めるためにさまざまな支援体制が整備されている．

しかしながら，前項で述べたようにこれらの起業家が実際に起業して経営を軌道に乗せるまでは数多くの課題点がある．

ここでは，これらのベンチャービジネスが軌道に乗るまでの産官学それぞれのセクターにおける共通した育成条件を挙げる．

(1) これまでにない新たな起業家タイプやビジネスモデルを，「超常識」的発想で見抜くこと

新たな起業家タイプやビジネスモデルを見抜くには，育成する側においてこれまでの経営者や市場にみられない「超常識」的な発想を理解する力を身につけなければならない．

具体的には，アラブ諸国において「昔，黒い水として嫌われている石油をエネルギーとして利用するような考え方」を理解することであり，もっと一般的な言い方でいえば，「世の中の流れを敏感に理解しながらも，その反対側の流れも冷静に考える」ことができるタイプの人のことである．

新しいビジネスは常にこのような「超常識」的な発想から出てくるものであり，一般人に理解しがたいものである（一般人に理解されたときにはすでにベンチャービジネスでなく，大企業が参入する成長ビジネスとなる）．

(2) リスクを覚悟して支援すること

金融機関系の一部ベンチャーキャピタルでは，ベンチャー企業への投資条件として今でも担保や保証人を重視しているところがある．

ベンチャー企業はかなりリスクの高い投資案件であり，現在の経営者や経営状態だけでの判断では支援が困難な企業も多くみられる．

ベンチャー企業の支援活動を行っている産官学の各組織やエンジェルは，現在のリスクを分析し，将来を見据えた長期的視点からの支援を実施すべきである．

(3) アライアンス（連携）の意識をもつこと

経営資源に乏しいベンチャー企業は，自社だけの力で生き抜くことはなかなか困難である．お互いのもっている長所を活かしたアライアンスを行うことでより内容面で充実したビジネスとなる可能性が強い．

ビジネス情報力の豊富な組織等によるベンチャー企業のアライアンスへの積極的な支援活動が必要といえる．

(4) ベンチャー企業支援のプロとしての意識と内容をもつこと

近年の各種支援制度の充実を逆手にとり，ベンチャー企業側においても「甘え」の構造がしばしばみられる．たとえば，1年間で黒字になるようなビジネスプランを平気で作成して資金調達を目指すケースもよくみる．

いくら「超常識」的発想からみても，実際には黒字化に数年間を要する場合が多く，1年間で黒字になるようなベンチャー企業はきわめてまれなケースでしかありえない．

このような場合，ビジネスプランの実現性について，ベンチャー企業を支援する側としてのプロの意識とその内容をもった指導が求められる．

(5) 失敗者への支援方法を考えること

わが国に限らず世界のベンチャー企業経営者の中には志半ばで挫折し，これらの敗因を基に再興して上場会社まで成長させた人も珍しくない．

しかしながら，わが国の企業風土には一度経営に失敗した者は二度と立ち上がれないような金融，取引等の面でのさまざまな制約がある．

失敗者の中には確かに根本的な課題を抱えた経営に不向きな人びともいるが，しかし，中には潜在的に優秀な経営能力をもった将来有能な起業家も数多くみられる．

わが国において本格的にベンチャー企業を育成していくためには，これら潜在力のある有能な失敗者にも再度チャンスを与えるような支援体制を整えてい

く必要がある．

> **演・習・問・題**
>
> 問1　ベンチャー企業を設立する時に直面する一般的な課題点を3つ挙げなさい．
> 問2　エンジェルとは何か？　また，わが国のエンジェル活動の課題点は何か．
> 問3　ベンチャー企業を育成するための課題克服のためには．

参考文献

Storey, D. J.（1994）*Understanding the Small Business Sector*, Thomson Learning Ltd.（惣那憲治ほか訳『アントレプレナーシップ入門』有斐閣，2005年）

中小企業庁編『中小企業白書』（各年度版）

中小企業・ベンチャー企業研究会（2001）『ベンチャービジネスの創り方・運び方』税務経理協会

国民生活金融公庫総合研究所（1999）『起業活動を支える日本のエンジェル』中小企業リサーチセンター

国民生活金融公庫総合研究所（2004）『新規開業白書』中小企業リサーチセンター

松田修一（1994）『ベンチャー企業の経営と支援』日本経済新聞社

野田健太郎（2004）『ベンチャー育成論』大学教育出版

惣那憲治・山田孝三・明石芳彦（1999）『日本のベンチャー企業』日本経済評論社

竹間忠夫・大宮知信（2004）『101人の起業物語』光文社

―《推薦図書》―

1. 国民生活金融公庫総合研究所（2004）『新規開業白書』中小企業リサーチセンター
    国民生活金融公庫の創業資金等の利用者を対象とした．
2. 中小企業庁『中小企業白書』（各年度版）
    中小企業の実態についての報告と，各年度ごとの重点的な中小企業施策について整理．

3. 野田健太郎（2004）『ベンチャー育成論』大学教育出版
　　ベンチャー企業育成に関する基本的な概念，関連するテーマや起業家マインドの育成を解説．
4. 松田修一（1994）『ベンチャー企業の経営と支援』日本経済新聞社
　　ビジネスモデルの構築からファイナンス，リスク対応まで基本的な情報を網羅．

索　引

あ行

IT　91
　——技術　85
アウトソーシング　77, 145
アカデミックセクター　155
アナログ　98
アーリーステージ　125
アンゾフ, H. I.　88
意思決定　87
一発屋型パターン　70
一般消費財　8
イノベーション　56
インキュベーションマネジャー　126
インキュベーター　121
インターネット　11
Webサービス　98
エクイティ　98, 135
SBIR　157
M&A　77
エンジェル　21, 44, 130
　——税制　120
OEM　104
近江商人　46
オンリーワン企業　161

か行

改正中小企業基本法　118
ガイドライン　145
外部経済　20
革新的経営者　4
カスタマイズ　107
価値観　92, 106
かながわサイエンスパーク　123
金のなる木　103
株式公開　131
　——基準　119
株式売却益課税　164
川崎新産業創造センター　125
関係型　73
かんばん方式　29
管理的決定　88
基幹産業　21
企業　85
　——城下町　21
　——成長　87
　——買収　137
起業
　——活動指数　158
　——支援　49
　——プロジェクト　139
企業家精神　19

企業価値　136
企業間格差　96
起業家　38
　——の信条　63
　——塾　190
　——精神　3, 7
　——予備群　52
起業支援　158
技術移転推進機関　155
技術シーズ　118
規制緩和　8
　——の進行　85
基盤確立期　69
規模の経済　3
キャッシュフロー　179
協業化　75
競争上の優位性　87
共存・存続型パターン　71
郷土意識　47
業務的決定　88
空洞化　8
具現化　89
グリーンシート　120
グローバリゼーション　96
グローバル化　85
経営革新　80
経営環境　84
経営コンサルタント　197
経営資源　84, 96
経営戦略　84
経営哲学　84
経営ノウハウ　87
経営理念　84
経験曲線　102
経験則　102
経済的動機　129
激震型　73
研究開発型企業　115, 124
　——育成センター　114
現状改革　89
幻・消滅型パターン　69
原点回帰　78
コア活動　72
コア資産　72
ゴーイング・コーンサーン　69, 85
高圧のマーケティング　101
公開直前期　134
高速交通体系　8
構築する行為　86
高度情報化　8
購買力　98
高付加価値　175

202

高齢化社会　8, 85
顧客セグメント　76
顧客創造　98
顧客満足　91, 100
国際化　9
国際競争力　111
個人所得税　164
コスト　20
固定費　179
コミュニケーション　90
雇用調整　77
コラボレーション　98
コンピテンシー　98

さ行

最先端技術　3, 19
最低資本金制度　163
財務管理　6
財務計画　177
堺商人　46
サッチャー　159
サービス経済化　9
サービス業　10
産業活力再生特別措置法　118
産業基盤　3
産業技術競争力強化法　118
産業構造　72, 85
　　──転換　8
　　──の進化　76
産業の再活性化　8
産業の進化　72
産業風土　10, 20
CRM　105
シェアード・オフィス　124
支援関連法　112
事業戦略　96
事業ポートフォリオ　77
事業領域　86
資金調達力　7
資金流出量　103
資源リサイクル　93
自己資本比率　114
個人所得税　164
自社の強み弱み　98
市場細分化　99
市場好機　72
市場成長率　102, 103
市場占有率　103
シーズ（種）期　134
質的充実　71
指標　79
JASDAQ市場　163
社会環境　91
社会的インフラストラクチャー　20, 47
社会的責任　93
社内企業家　50

社内ベンチャー　52
収益力　103
終身雇用　45
需要創造　98
消費者ニーズ　3
情報ネットワーク　22
シリコンバレー　28, 150
人員計画　77, 177
スキル　98
スタートアップルーム　124
スタートアップ期　44, 125, 134
ストックオプション制度　118
スピンアウト　155
スペクトラム　76
スモール・ビジネス　4
生産計画　176
成熟期　134
成長期　69, 134
制度的インフラストラクチュア　112
製品技術　91
製品差別化　99
製品の陳腐化　104
セルフ・エンプロイド　152
潜在需要　4, 98
潜在的起業家　162
戦術的決定　88
漸進型　73
選択する行為　86
戦略的決定　88
創業期　69
創業者　38
　　──利潤　4
創業塾　190
相乗効果　98
創造型　73
創造的破壊　40
相続税　164
相対的市場占有率　102
組織計画　177
損益分岐点売上高　179
存立基盤　85

た行

大学等技術移転促進法　117
耐久消費財　8
第2店頭特別銘柄　119
ダウンサイジング化　11
多品種少量生産　10
地域　20
知的財産権　7, 118
知的所有権　73, 118, 119
チャレンジ　19
チャンドラー，A. D. Jr.　88
中小企業基本法　113
中小企業等投資事業有限責任組合法　121, 132
中小企業新事業活動促進法　118

203

索　引

中小企業投資育成法　114
中小企業の創造的事業活動の促進に関する臨時措置法　116
強み　87
低圧的マーケティング　100
TLO　118
ティモンズ，J. A.　39, 63
適応する行為　86
デジタル　97
データベース化　105
哲学・信念　89
デフレ経済　111
デューディリジェンス　138, 143
電子商取引　11
電子メール　98
店頭登録　44
　　──市場　116
投資案件　138
投資ファンド　132
独自技術　4, 161
独占禁止法　121
途中挫折型パターン　69
トップ・マネジメント　88
富山の薬売り　46

な行

NASDAQ市場　116
ニッチ市場　8
ニュービジネス　135
ニュー・フロンティア　9
ネットワーク　11, 96
年功序列　45
ノーブレス・オブリージ　192
のれん分け　188

は行

パイオニア　79
ハイテク指向型　155
ハイテクエリート　161
ハイ・ドール法　155
配分する行為　86
ハイリスク・ハイリターン　133
薄利多売　175
パートナーシップ　144
花形製品　103
パフォーマンス　78
バブル経済　8
バブル崩壊　111
浜松地域　48
パラダイム　98
ハングリー精神　3
ハンズオフ　135
ハンズオン　131, 135
販売促進　91
販売チャネル　104
ビジネスアイデア　151, 154

ビジネス・スタイル　106
ビジネスプラン　75, 138, 171
ビジネスモデル　69, 77, 91, 150
苗床機能　8
ピラミッド型組織　144
ファンド　131
フィードバック　73
フェイス・トゥー・フェイス　20
push動機　157
普遍的命題　73
ブランド　73
フリーター　51
pull動機　157
プロセス　78
プロダクト・ポートフォリオ・マーケティグ　102
ベスト・プラクティス　79
ベンチマーキング　77
ベンチャー型企業　36, 47, 59
ベンチャー企業　131
ベンチャーキャピタリスト　129
ベンチャーキャピタル　21, 44, 71, 114, 129
ベンチャーコーディネート　119
ベンチャービジネス　8, 84
ベンチャーファンド　116
変動費　179
法人税　164

ま行

負け犬　104
マーケティング　6
　　──計画作成　176
　　──・ミックス　96
マーケット・オブ・ワン　105
マーケットメカニズム　126
マーチャンダイジング計画　177
マス・マーケット　105
マッカーシー，E. J.　96
三つ子の魂百まで　46
ミドル・マネジメント　88
無形資産　73
無限責任組合員　132
メンター　47
モチベーション　77
問題形成　89
問題児　104

や行

優位性　101
優遇措置　120
有限責任組合員　132
有効需要　98
優良顧客　106
予備軍　105
弱み　87
4P説　96

ら行

ライフサイクル　102
リエンジニアリング　77
リサイクル　11
リスク　3, 19
　——テイキング　89
　——マネー　131
リストラクチャリング　8, 77
リレーションシップ　105

累積生産量　102
ルート128　150
レイザー，W.　96
劣化の脅威　73
レベルアップ　80
ロワー・マネジメント　88

わ行

ワン・トゥ・ワン・マーケティング　105

編著者紹介

今村　哲（いまむら　あきら）
拓殖大学商学部教授・国際ビジネス学科長（2009年4月〜）
明治大学大学院政治経済学研究科博士前期課程修了
商品戦略論・中小企業論専攻
『新中小企業論』（共著）白桃書房，1996年
『中小企業論新講』（共著）白桃書房，2000年
『ネットワーク社会の経営学』（共著）白桃書房，2002年
『新事業創造論』（共著）東洋経済新報社，2003年
「地域商業と街づくりに関する実証的研究」拓殖大学経営経理研究所『経営経理研究』
　第63号，1999年
「わが国の小売業の規制に関する研究」『拓殖短期大学創立50周年記念論集』2001年
「地域商店街の活性化に関する実証的研究」明治大学政治経済研究所『政経論叢』
　第73巻第3・4号，2005年
『スタート・ユア・ビジネス！』（共訳）学文社，2007年
『マネジメント基本辞典』（共同編集）学文社，2007年

マネジメント基本全集 15　ベンチャービジネス（ベンチャリング）
　　　　　　　　　　　　　ベンチャービジネスとマネジメント

2006年2月25日　第一版第一刷発行
2014年1月30日　第一版第四刷発行

　　　　　　　編著者　今　村　　　哲
　　　　　　　監修者　根　本　　　孝
　　　　　　　　　　　茂　垣　広　志
　　　　　　　発行者　田　中　千津子

発行所　株式会社　学　文　社

〒153-0064　東京都目黒区下目黒3-6-1
　　　　　　電話(3715)1501代・振替00130-9-98842

（落丁・乱丁の場合は本社でお取替します）　　・検印省略
（定価はカバーに表示してあります）
　　　　　　　　　　　　　　　　　　　印刷/新灯印刷株式会社
©2006 IMAMURA Akira Printed in Japan
ISBN978-4-7620-1500-7